누구를 위한 역사인가

누구를 위한 역사인가

'뉴라이트 역사학의 반일종족주의론' 비판

기획·우석대 동아시아평화연구소

이철우... 박한용...
전재호... 홍종욱...
황상익... 강성은... 김창록...
이송순... 정태헌... 박찬승...
김상규... 강성현... 변은진...
조시현... 허영란... 김정인...
김헌주... 서승...

푸른역사

왜, 지금《반일 종족주의》비판인가

늦었지만 의미 있는 '반격'

지난해 한국 사회와 출판계에서 가장 큰 파장을 일으킨 '사건' 중 하나는《반일 종족주의》의 출간이라 할 수 있다. '이승만학당'과 낙성대경제연구소의 합작이라 할 이 책은 원래 '이승만TV'의 강의를 묶은 것이다. 이영훈 전 서울대 교수 등 6인이 집필해 지난해 7월 출간 이후 국내에서만 11만 부 이상 팔렸고, 일본어 번역판 역시 수십만 부를 찍었다는 소식이다. 이에 힘입었는지 지난 5월 낸 후속작《반일 종족주의와의 투쟁》역시 발매 10일 만에 베스트셀러 상위권에 진입하는 기염을 토했다. 가히 '반일 종족주의 신드롬'이라 할 만한 현상이다(신드롬syndrome이 본래 '병적인 증상'을 의미함에 주목하자).

일본 극우세력의 중요한 한 축을 이루는 '혐한'논리에 기초한 이 책의 취지가 한국인의 잘못된 역사인식을 바로잡겠다는 것임을 감안하면, 일본 우익의 열광이야 그렇다 쳐도 국내 독서시장에서 뜨거운 '호응'을 받은 것은 참으로 희한한 일이다. 생각해보면 이유가 있다. '일본군 위안부 강제연행은 없었다', '일제강점기에 근대화·산업화의 토대가 닦였다' 등 역사학계에서 축적된 연구성과나 통념에 반하는 파격적 주장은 그 자체로 화제성이 있다. 여기에 이른바 '실증'의 외피를 뒤집어쓴 논리 전개에는 나름 설득력을 지닌 대목도 있긴 하다. 일제가 한반도의 정기를 끊기 위해 박았다는 '쇠말뚝 신화'에 대한 비판이 그런 예라 하겠다. 여기에 강의록을 책으로 엮은 덕분에 경어체로 된 문장이나 '망국의 암주暗主가 개명군주로 둔갑하다'란 제목에서 보듯 편집 기술이 가미되면서 전형적인 학술서를 뛰어넘는 가독성을 갖춘 것도 이 책의 인기에 힘을 보탠 것으로 보인다.

'반일 종족주의 신드롬'에 대한 진단과 처방의 일차적 책임은 우리 역사학계에 있고 그 역할을 다했다고 보기엔 여러모로 미흡했던 것이 사실이다. 부글부글 끓기는 했지만 타깃은 포괄적이고 비판은 산발적인 데 그친 감이 있다. 몇 차례 비판적 심포지엄이 열리고, 《탈진실의 시대, 역사부정을 묻는다》(강성현, 푸른역사, 2020) 등 비판서가 나오긴 했지만 손꼽을 정도에 불과했다. 집 안으로 해일이 밀려드는데 바가지로 물을 퍼내는 격이랄까.

여기에도 몇 가지 이유를 생각해볼 수 있다. 《반일 종족주의》가 제기한 논점이 다양해서 정색하고 비판하기엔 시일이 걸린다. 하지만 가장 큰 이유는, 명명백백한 사실을 두고 굳이 다툴 필요가 없다는 '침묵의 무시' 아닐까. 마치 독도 문제를 국제사법재판소로 가져가자는 일본에 대해 독도를 역사적·실효적으로 지배하는 한국이 반응하지 않는 것과 마찬가지다. 학문 차원이 아닌 일본의 극우논리와 궤를 같이하는 정치논리에 일일이 대응하는 것을 구차스럽게 여겼기 때문이기도 하다.

하지만 이런 사태를 방관만 할 수는 없는 지경이 됐다. 《반일 종족주의》를 중심으로 한, 이른바 뉴라이트 역사학의 목청이 갈수록 높아지고 있다. 이들이 마치 새로운 주장을 하는 것으로 많은 이들에게 읽히는 상황이 위태로운 지경이라고 판단되어 이를 방치한다면 한일 양국에서 탈진실의 역사 왜곡과 부정이 되풀이되고 이에 혐오가 결합되면서 드세질 가능성이 크다. 《반일 종족주의》에 대한 체계적이고 구체적인 비판이 늦었지만 필요하고도 반가운 까닭이다.

18인이 뜻을 모으다

이번 《누구를 위한 역사인가》에는 18인의 학자의 글 19편이 실렸다. 글을 쓴 이들은 일반 역사를 전공한 이들이 주축이지만 의사학醫史學(황상익 서울대 명예교수), 법학(김창록 경북대 법학전문대학원 교수) 등 다양한 전공을 가진 전문가들이 참여했다. 이 책이 《반일 종족주의》를 비판하는 우리 학계의 역량과 수준을 대표하는 것은 아닐지라도 감히 '종합판'이라 할 수 있는 이유다.

《반일 종족주의》를 비판하는 목소리를 종합해서 한 자리에 모으는 데는 서승 우석대 석좌교수가 큰 몫을 했다. 그는 재일교포유학생 간첩단사건에 연루되어 고초를 겪었고, 오랫동안 일본 리츠메이칸대立命館大 교수를 역임한 평화운동가. 우석대 동아시아평화연구소장을 맡고 있으면서 최근 《평화로 가는 한국, 제국으로 가는 일본》(경향신문)을 내기도 했던 그는 일본 우익의 무리수와 그 폐해를 누구보다도 절감할 수 있는 처지라 하겠다. 그런 그는 "《반일 종족주의》는 구구절절 일제의 식민지 통치를 찬양하고 우리 겨레를 거짓말과 사기가 몸에 밴 구제불능의 무지몽매한 '종족'으로 매도하고 있다"고 보았다. 그러기에 "《반일 종족주의》 진영은 일제와 한몸"이라고 단언한다.

나아가 이들을 가리키는 용어도 개별 인사를 뜻하는 '친일' 대신 이들의 정치·군사·경제적 패악과 제도를 포괄하기 위해 '친일 레짐Regime'이 적합하다고 서 교수는 본다.

서 교수는 《반일 종족주의》의 주장이 한일 갈등을 치유하기는커녕 동아시아의 평화를 더욱 멀어지게 한다는 문제의식에 따라 지난해 하반기 본격적인 비판을 주도하기에 이르렀다. 주제를 정하고, 필진을 섭외하고, '사실에 입각하되 체계적이고 이해하기 쉬운 대중적인 글'이란 집필 원칙을 정한 것이다.

이렇게 해서 모인 글은 사실 너무 차분하다. "《반일 종족주의》에는 귀담아 들어야 할 내용도 있다.……《반일 종족주의》의 물질주의, 샤머니즘 비판은 우리 사회의 아픈 곳을 정확히 찌른다. 다만 한국 사회를 바라보는, 특히 민중을 대하는 《반일 종족주의》의 시각은 흡사 식민자의 시선을 방불케 하는, 위로부터의 눈길이라는 느낌을 지우기 어렵다"(홍종욱 서울대 인문학연구원)에서 보듯 객관적이다 못해 냉정하게 비치기도 한다. 그래서 더욱 호소력이 있다.

논리적 모순을 짚고 허점을 찌르다

《반일 종족주의》에는 6인의 글 25편의 글이 실렸다(프롤로그와 에필로그 제외). 하지만 논점은 토지조사와 식량 수탈, 강제동원과 특별지원병, 청구권협정, 독도, 일본군 '위안부', 식민지 근대화론 등 크게 여섯 가지로 정리할 수 있다. 특히 이 중 일본군 '위안부' 문제의 부인과 식민지 근대화론에 역점을 두고 있다. 이와 함께 다룬 백두산 신화, 쇠 말뚝 신화, 친일 청산, 고종 황제 평가 등은 곁가지라 할 수 있다.

이에 대해 이 책의 필자들은 자신의 전문 분야에 맞춰 《반일 종족주의》의 주장을 논박하고 있다. 이때 《반일 종족주의》의 지엽적인 구절에 매달리거나 맹목적이고 국수주의적인 입장에 연연하지 않는다. 이를테면 독도 문제를 다룬 허영란(울산대 역사문화학과 교수)은 "문헌이나 고지도에 나오는 모든 우산도가 곧 독도를 가리킨다고 볼 수는 없다. 즉 우산도는 한국 땅이고 독도는 우산도이므로 독도 역시 한국 영토라는 식의 삼단논법은 성립하지 않는다"고 인정한다. 그러면서 "1870년 일본 외무성의 보고서 〈조선국교제시말내탐서朝鮮國交際始末

內探書)에는 '다케시마, 마츠시마가 조선에 속하게 된 사정'이라는 내용이 포함되어 있다. 메이지 유신 직후 새롭게 조선과의 외교관계를 정립하고 국익을 도모해야 하는 상황에서, 일본 정부는 울릉도와 독도가 조선에 속하는 것으로 인식하고 있었던 것이다" 등 팩트를 짚어내는 식이다.

《반일 종족주의》가 3개 부 중 1부를 할애해가면서 주장하고 있는 위안부 부인론에 대해선 말할 것도 없다. 이영훈은 그 책에서 "일본군 '위안부'는 강제연행되지 않았고 공창제의 합법적 테두리 안에서 자기 영업과 '자유 폐업'을 할 수 있는, 돈벌이가 좋은 '매춘부'였지 성노예가 아니었다"고 강변하고 있다. 이에 대해 강성현(성공회대 열림교양대학 교수)는 날카롭고 강력하게 이를 논파하고 있다. 피해자의 증언은 무시하고 관련 공문서가 없다는 이유만으로 강제연행은 없었다는 주장은 실증사관의 외피를 둘러쓴 억지라고 지적한다. '자유 폐업 권리'가 있었다는 말 또한 당시 일본 본토 공창제에서도 실현될 수 없었던 공론空論이었으며, 고액의 수입을 올린 증거로 든 문옥주 할머니의 사례도 동남아의 하이인플레를 무시한 채 꿰어 맞추기임을 입증한다. 이렇게 일본 우익이 선호하는 자료를 택하거나 전체 맥락을 무시한 해석임을 설득력 있게 보여주는 것이다(보다 상세한 주장은 《탈진실의 시대, 역사부정을 묻는다》 참조).

《반일 종족주의》가 매달리는 식민지 근대화론도 그야말로 실증적으로 논파된다. 정태헌(고려대 한국사학과 교수)의 글에 따르면 일제강점기(1918~1940)에 조선의 공업 생산액은 8.4배나 급증했지만, 일본으로 빠져나간 생산재는 100배 이상 폭증했고 조선인 자본은 조선인의 일상생활과 관련된 노동집약적 분야에서 영세기업으로 존재했으니 말이다.

황상익은 일제강점기에 조선인 보건복지가 향상됐다는 주장을 논파한다. 전염병 통계의 심층적 분석과 '조선인을 위해' 도립의원 등 의료기관을 많이 세웠다지만 실제는 일본인 입원 및 외래환자가 압도적으로 많았음을 지적하는 것 등을 통해서다. 이 역시 "학문적 비판을 기대한다"는《반일 종족주의》진영의 답이 필요한 주제 중 하나다. 이 밖에 이미 한국사 교과서에서 사라진 일제의 토지조사로 인한 토지 40퍼센트 수탈설의 허구를 꺼내드는 등 학문적으로 나태하거나 악의적이라 볼 수밖에 없는 대목이 여럿 지적됐다.

어떻게 읽어야 하나-그래도 남는 아쉬움

이영훈 등의 말을 빌자면 이 '투쟁'은 당분간 이어질 듯하다. 그들은 전작의 '인기'에 힘입어《반일 종족주의와의 투쟁》이란 후속작을 낼 정도로 기세등등하고, 일본 우익은 계속 자기들 입맛에 맞는 소리를 할 터이고, 이에 대한 주류 학계의 논박이 본격화될 조짐이기 때문이다. 바람직하기는 이 '투쟁'이 문제 제기와 반론, 인정과 수용을 통해 '바른' 역사를 찾아가는 과정이 되는 것이다.

그 '투쟁'의 상당 부분은 학자들의 몫이겠지만 독자들의 역할도 못지않게 중요하다. 그런 점에서 이 책은 누구보다도 《반일 종족주의》에 끌렸던 이들이 읽어주기를 바란다. 비록 《반일 종족주의》에서 제기한 논점을 모두 짚어내지는 못했지만 이른바 실증사관에 기초했다는 그들의 주장이 얼마나 자의적이고 편벽되었는지 짐작할 실마리는 제공하기 때문이다.

특히 이철우(연세대학교 법학전문대학원 교수)의 〈자기 부정의 역사 서술—반일 종족주의를 말하는 사람들의 말놀이〉와 총론격인 박한용의 〈뉴라이트의 기괴한 역사인식〉을 먼저 읽어보기를 권한다. 긴 싸움을 위해선 《반일 종족주의》 진영의 좌장인 이영훈의 학문적 이력과, 이른바 뉴라이트의 역사관과 그 배경을 이해하는 것이 필요하기 때문이다. 그것이 《반일 종족주의와의 투쟁》에 인용된, "사실이 승리한다Veritas vincit!"를 진정 입증해줄 첫걸음이 되리라고 믿는다.

2020년 7월 20일 푸른역사 편집부

차례
누구를 위한 역사인가

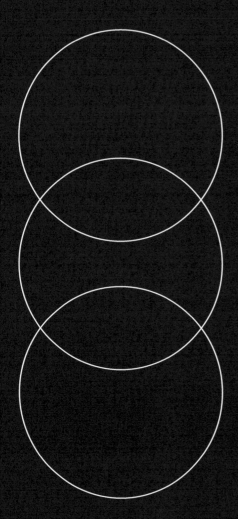

자기 부정의 역사 서술

- 반일 종족주의를 말하는 사람들의 말놀이

이철우

"젊은 시절 한때 그 혁명에 영혼이
   팔려 본 사람"의 공부

《해방전후사의 재인식》의 첫 장에서 이영훈은 "젊은 시절 한때 그 혁명에 영혼이 팔려 본 사람이면 누구나 금방 알아차릴 수 있는" 사회주의 혁명의 논리를 한국의 근·현대사 연구자들—그 대목에서는 최장집과 정해구—이 답습하고 있음을 성토했다.[1] 《반일 종족주의》가 나에게 곧바로 가져다준 것은 그렇게 "영혼이 팔려 본 사람"에 감화되어 어줍잖게 "영혼이 팔려 본" 사람의 당혹감이다.

　나의 대학시절, 이념에 대한 통제가 심하여 비판적 사회이론에 목마른 학생들이 학교가 제공하는 정규 강좌를 통해 갈증을 해소하는 데 어려움을 겪을 때, 우리들의 영혼을 붙들어 간 교수가 있었으니 바로 안병직 선생이었다. "아시아 근대사에 있어서 역사 발전의 원동력은 '아시아' 민중의 민족주의적·민주주의적 투쟁이었다"고 언명한 안 선생의 글은 〈아시아 민중의 역사적 사명〉이라는 이름으로, 내가 입학하자마자 받은 의식화 교재 《현실 인식의 기초》에 실려 있었다. 그 후 그의 저술과 강의가 특히 강렬히 학생들을 사로잡았음을 알게 되었는데, 그것은 경제사의 성격상 마르크시즘의 개념과 이론을 보다 명쾌하게 표출할 수 있었기 때문이었을 것이다.

〈일제하 근대적 토지소유권의 이식과정〉을 주제로 석사논문을 준비할 때는 안 선생의 동양경제사 강좌를 청강하면서 아시아 식민지 경제사에 대한 마르크시즘의 접근을 배우고자 했다. 대학원 강좌로서는 드물게 수십 명의 수강생이 교실을 꽉 채운 인기 있는 강좌였다. 이 강좌에서는 고다니 히로유키小谷汪之의 《마르크스와 아시아マルクスとアジア》(1979), 나카무라 사토루中村哲의 《노예제·농노제의 이론奴隷制·農奴制の理論》(1977), 오다 히데미치太田秀通의 《노예와 예속농민奴隷と隷屬農民》(1979) 등을 읽고 토론했다. 타과에서 온 청강생인 데다 공부가 부족해 감히 토론에 낄 수 없었던 나는 정태인, 전강수 등 쟁쟁한 대학원생들의 발언을 들으며 강좌의 매력을 음미할 뿐이었다. 그때 앞자리에 바위처럼 과묵한 이가 앉아 있었으니 그가 이영훈이었다. 비판적 경제학을 추구하던 대학 선배들이 그를 "따거大兄"로 모시는 것은 알았지만 실제로 같은 교실에서 그의 모습을 대한 것은 처음이었다. 그는 필경 이 분야에 많은 내공을 쌓았겠으나 왠지 발언을 하지 않고 조용히 경청하는 태도를 취했으니 그에게서 내가 느끼는 권위는 그로 인해 더해졌다.

지도교수인 영산瀛山 박병호朴秉濠 선생의 조선시대 토지사유론을 계승하면서 조선토지조사사업의 성격을 규명하던 나는 이영훈의 역작 《조선 후기 사회경제사》(1988)를 읽으면서, 토지사유론과 내재적 발전론을 뒤집어엎으려는 그의 야심적 주장에 다소 당황하면서도 나의 가정에 부합하는 방향으로 그의 입론을 해석하였다.[2] 그가 그리는 역사상이 궁극적으로 한국사 정체론으로 이어지고, 나아가 식민지 근대화론으로 발전할 것임은 나에게 중요한 것이 아니었다. 나는 사료와 씨름하는 그의 진지한 학문적 태도에 매료되었을 뿐이었다. 그리고 그는 여전히 나의 "영혼을" 사로잡은 이론과 개념의 틀에서 벗어나지 않고 있었다. 그는 다음의 말로써 자기의 과제를 밝혔다.

> 이상과 같은 두 가지 측면에서, 즉 조선 원축과정의 특수성을 규정하는 직접적인 역사적 전제로서 조선 후기 농민 경영의 존재 형태와 발전단계의 측면과 이행과정의 일반적 공통성일 뿐 아니라 식민지적 이행과정의 특수성으로서 강조되어야 할 상부구조의 토착적 연속성의 측면에서, 조선 후기 사회는 경제적 토대에서 상부구조의 제 수준에 이르기까지 그 전 구성적 범위에서 개항 이후 자본주의 발전과정의 역사적 전제조건의 총체로 존재하고 있다. 이 책은 조선 후기 사회의 역사적 의의를 이같이 규정한 전제 위에서, 조선 후기 사회의 구조와 그 역사적 발전을 총괄적으로 해명함으로써, 근대 자본주의 발전과정의 역사적 전제조건들을 분명히 함에 그 목적이 있다(《조선 후기 사회경제사》, 13쪽).

요컨대, 마르크시스트 안병직의 제자 이영훈의 최고 역작은 이처럼 마르크시즘의 개념과 문제의식으로 충만해 있었다. 그가 주적으로 삼아 온 김용섭은 적어도 그의 주된 업적인 〈양안量案의 연구〉에서 그러한 표현을 사용하지 않았다는 점에서 흥미로운 대조를 보인다.[3]

난장亂場자본주의를
개탄하다

이영훈을 다시 만난 것은 그로부터 10년 후였다. 때는 바야흐로 한국 경제가 외환 위기의 일격을 맞아 IMF 관리체제 아래 들어갔고, 김대중 정부가 들어서 '민주주의와 시장경제의 병행 발전'을 모토로 삼은 시기였다. KDI원장 이진순의 전폭적인 관심 아래 '민주주의와 시장경제의 병행 발전'을 이론화하기 위한 KDI의 프로젝트를 받아 한상진, 임혁백, 장하성, 유종일, 전성인, 장하원, 이혜훈 등이 모인 곳에 끼어 말석에 앉았을 때 이영훈은 가장 모범적인 연구자로서 경탄을 자아냈다. 그는 다른 누구보다 빠르고 성실하게 맡은 바 과제를 수행하여 〈한국 시장경제와 민주주의의 역사적 특질〉(2000)이라는 보고서를 제출했다. 140쪽을 넘지 않는 이 보고서는 식민지 근대화론의 관점을 담은 이영훈의 역사의식을 보여준다. 여기에서는 "젊은 시절 한때 그 혁명에 영혼이 팔려 본 사람"의 어법은 발견할 수 없다.

이 보고서에서 이영훈은 한국의 전통사회를 자급자족의 자연경제와 국가적 재분배, 그리고 개인적 연망緣網에 의존하는 소농사회로 규정하는 한편 일제의 지배 아래 첨단적인 선물시장, 주식시장, 경매시장이 성립하는 하나의 흐름과 자급적 소농경제가 전통적 공동체의 해체와 함께 빚어지는 사회의 무연화無緣化의 와중에서 확대되면서 식민지 관료제에 의해 침투되는 또 하나의 흐름을 적시했다. 그리고 해방 후 "식민지 자본주의가 꽃피운 첨단시장"이 사라지고, 전통적 공동체와 자발적 결사체를 모두 결여한, 무도덕적 가족주의가 횡행하는 비정형적 대중사회가 조성되었음을 지적하면서, 이를 헨더슨 Gregory Henderson의 용어를 빌려 "'회오리바람' 속의 소농사회"로 묘사했다. 이영훈은 그러한 사회를 특징짓는 신뢰의 결여가 1960년대의 "대질주" 속에서도 지속적으로 재생산되었으며, 상품시장과 금융시장, 노동시장의 지배적 면모를 이루었음을 보여주면서 이를 "난장자본주의"로 규정했다. 이와 같은 이영훈의 역사 서술은 프로젝트 참여자들의 전폭적인 환영을 받았다. 공정 경쟁과 법치라는 당대의 과제를 그보다 더 효과적으로 정당화할 수 없었기 때문이다.

식민지 근대화론과 《해방전후사의 재인식》

자본주의 맹아론과 내재적 발전론을 부정하는 이영훈류의 역사인식에 대해 주류 사학계에서는 견제의 시선을 보냈으나 몇몇 분류사 전공자들 사이에서는 그에 공감하는 분위기가 형성된 것이 사실이다. 주류 사학계의 '민족주의적' 역사 서술에 도전하는 흐름은 해외에서 신기욱 등이 주도한 '한국의 식민지 근대성Colonial Modernity in Korea' 프로젝트를 통해 이미 드러났다. 전남 순천에서 현지조사를 수행하면서 일제하 한국 사회의 복잡한 면모를 깨달은 나 역시 그러한 인식의 전환에 합류했다.

그러한 움직임은 부분적으로 진보학계의 관심을 모은 면도 없지 않았다. 20세기 초 형사사법제도의 변화를 탐구한 도면회가 《한국의 식민지 근대성》(신기욱 외, 2006)을 번역한 것도 이를 시사한다. 일제 지배의 근대적 계기를 포착하는 것이 민족개량주의에 대한 비판에 힘을 실어주는 면도 있었다. 적어도 《한국의 식민지 근대성》에서는 역사 서술이 뚜렷한 정치적 아젠다를 갖지는 않았다.

그러나 노무현 정부 말기에 등장한 '해방전후사의 재인식' 운동은 복잡한 정치적 함의를 가지고 있었다. '재인식'은 1980년대 이래 한국 근·현대사의 주류적 관점을 대표한 《해방전후사의 인식》을 주적으로 삼았고, 그러한 역사의식에 터 잡고 있다는 이유로 진보정치를 명시적인 타격 대상으로 했다. 《해방전후사의 재인식》 총설에 해당하는 이영훈의 첫 논문과 남북한 관계를 주제로 하는 글들이 그 점을 뚜렷이 보여주었다. 그러나 참여한 모든 연구자들이 그러한 목적을 공유한 것은 아니었다. 다수는 역사 서술에서 가치 지향성을 배제하자는 취지에 공감했고, 사실로써 말하게 한다는 '고지식한' 실증주의를 표방하기도 했다. 일제하에 경제 발전이 이루어졌음을 주장하는 연구들도 일제를 미화하는 것이 아님을 누누이 강조하는 조심성을 보였다. 일제시대에 생활수준이 향상되었음을 주장한 주익종은 그러한 서술의 목적이 "일제 덕분에 근대화가 이루어지고 한국인이 잘 살게 되었음을 보이려는 것이 아니"라는 점을 강조했고 "조선인의 만족도가 높아진 것은 아니다", "주관적인 궁핍도는 더 심해졌다"고 부언했다. 일제하 공업화의 성과 및 해방 후의 연속성을 보여주고자 한 김낙년도 그것이 일제 지배를 긍정하거나 합리화하는 것과 무관함을 강조했다. 더욱이 김낙년의 연구는 양적 성장을 부각시키려는 것보다는 에커트Carter Eckert와 우정은 등의 개발국가론을 반박하는 데 주안점을 가지고 있었다.

편집위원을 대표하여 머리말을 쓴 박지향은 '인식'(《해방전후사의 인식》)을 공격의 타깃으로 삼는다는 기획 의도를 내세우면서도 필진의 다양한 동기를 무시할 수 없었기에 "필자들은 서로 다른 주장을 전개하고 있고 모든 필자들이 편집위원들과 동일한 사고를 하는 것도 아님"을 명시했다. 그러나 이영훈은 그러한 조심성을 보이지 않았다. '난장자본주의론'으로써 김대중 정부의 '민주주의와 시장경제의 병행 발전'을 뒷받침한 그는 이 단계에서 노골적으로 노무현 정부에 대한 적대감과 냉전적 시각을 드러냈다. '인식'에 담긴 역사철학과 방법론을 비판하는 것을 넘어 '인식'이 인민민주주의혁명을 지향한다고 성토하는 한편 한국인의 정신세계를 비웃었다. 그는 "젊은 시절 한때 그 혁명에 영혼이 팔려 본" 자신이 사용했던 '사회구성체'와 같은 개념을 매도하면서 '문명'이라는 비과학적 개념을 등장시켰다. '난장자본주의론'에서 이미 선을 보인 그 개념은 이제 방법론적 '대안'으로까지 승격되었다.

이영훈이 표출한 정치적 편향성은 몇몇 출판사로 하여금 출판을 거부하게 만들었다. 우여곡절 끝에 출판사를 바꾸어 책을 출판하자 독서계에 큰 논란이 일었다. 그러자 필진 중 《해방전후사의 인식》에도 참여했던 이완범이 '인식'을 좌편향적이라 규정한 편집진의 태도를 비난하고 나서기도 했다.

《반일 종족주의》:
역사 부정과 자기 부정

《해방전후사의 재인식》에 참여한 나는 주위의 여러 사람으로부터 비판을 받았음에도 불구하고 그에 참여한 것을 후회하지 않는다. 한국사 서술에 담긴 과도한 민족주의의 부담에서 벗어나 거리를 두고 역사를 보자는 취지에 공감한 당시의 생각은 지금도 변함이 없다. 다만 나와 같은 생각으로 참여한 사람들의 의도가 훼손되었음은 부정할 수 없다. 그것은 여러 사람이 참여한 작업을 이영훈이 정치적 의도를 가지고 사유화한 결과이다. 그럼에도 불구하고 '재인식'이 표방한 목적은《반일 종족주의》를 평가하는 잣대로 활용할 수 있다.

근래《반일 종족주의》를 해부한 단행본을 출간한 강성현은《반일 종족주의》를 역사 부정의 행위로 규정했다.[4] 역사 부정이라면 사실을 부정하거나 왜곡하는 행위로서 그에 대해서는 이 책의 여러 필자들이 소상히 밝히고 있으므로 여기에서 말할 필요는 없다. 여기에서는《반일 종족주의》가 결국 그 책의 필자들이 지금까지 수행한 역사 연구의 의의를 부정하는, 자기 부정의 말놀이가 되었음을 지적하는 것에 그치고자 한다.

《반일 종족주의》가 정치적 레토릭으로 노이즈 마케팅을 시도하는 작업이었음은 정치꾼의 트위터에나 나올 법한 저급한 표현과 논리적 비약을 보면 알 수 있다. 사실심이 아닌 대법원이 징용 피해자들의 거짓말을 판별하지 않았다고 비난하고, 사법절차를 통해 인정된 사실관계를 자기의 추측으로 대체하면서, 대법관들이 거짓말일 가능성이 큰 주장을 의심하지 않은 것은 그들이 어릴 적부터 거짓말 교육을 받아왔기 때문이라고 하는 것은 실로 놀라운 논리적 비약이다. 또한 조정래의 소설 《아리랑》에 대한 논평을 보면, 소설에 나오는 학살 이야기가 사실과 다르다고 하면서, 작가가 학살의 광기에 사로잡혀 있지 않느냐는 엉뚱하고 악의적인 반문을 한다. 《아리랑》에서 발견되는 것이 "강포한 종족이 약소 종족을 무한 겁탈하고 학살하는 야만의 세계"로서, 한국의 민족주의는 그러한 종족주의의 특질을 지니고 있다고 강변함으로써 억압의 주체와 피억압자를 기괴하게 전도시키는 도착된 논리적 사고를 드러낸다. 반일 종족주의가 한국인의 내면을 구성하는 장기지속의 심성이라 하면서 그것을 삼국통일 때부터 물려받은 것이라 말하는 대목에서는 본인이 그토록 멸시하는 원초주의적 primordialist 민족관의 정수를 목격하게 된다.

김낙년은 일견 한국사 교과서의 서술을 문제 삼는 데 그치는 것처럼 보인다. 일본으로의 미곡 이출을 수출로 표현하는 것이 무슨 문제인가라는 항변은 정당하다. 그러나 그것을 빌미로 문제의 본질을 총체적인 소득 증가가 있었는가, 산업화가 이루어졌는가, 시장 통합이 일어났는가로 축소하고 있다. 민족차별이 없었음을 강조하는 과정에서 당시의 한일관계를 주권국가들이 만든 유럽연합EU에 비유하고 있으니 그의 시야에서 제국주의는 완벽히 소거되어 있다. 그러한 사고와 어법은 한일 과거사에 대한 주익종의 해설에 고스란히 나타난다. 한마디로 요약하면, 한국은 법적으로 유효하게 일본의 일부가 되었기 때문에 승전국도 식민지도 아니어서 일본에 대한 아무런 배상청구의 근거를 가지지 못한다는 것이 그의 주장이다. 이영훈과 함께 이승만학당을 이끌어가는 그가, 이승만이 들었다면 노발충관怒髮衝冠했을 말을 하고 있는 것이다.

1980년대 시국과 역사를 고민하던 진보파 학도들에게 큰형님으로 추앙받던 이영훈은 새천년을 앞두고 무규율의 한국 사회와 학계를 꾸짖는 보수적인 역사가로 변모해 있었다. 성균관대에서 그를 다시 만난 나는 불이 꺼지지 않는 그의 연구실을 보면서 게으른 나를 돌아보았다. 그가 대표한 공동 연구《맛질의 농민들》(2001)은 그의 치열한 연구자적 자세와 연구를 이끌어가는 리더십을 극명하게 보여주었다. 게다가 본부를 점거해 학교를 마비시킨 학생들 앞에서 "이것이 성대의 민주주의냐"라면서 일인 시위를 하거나, 본교 출신들의 사조직인 벽송회를 해체하라고 교수회의에서 일갈하는 그의 기백은 그가 어떤 사상적 변화를 겪었든 80년대의 바위 같은 모습 그대로였다.

역사의 '탈정치화'를 부르짖어 공감을 얻은 그가 강성의 정치적 경향성을 노정하는 역사의 '재정치화'의 길을 걷게 된 결정적 계기는 2004년 '일제강점하 반민족행위 진상규명에 관한 특별법' 논란이었다. 이 입법의 바탕을 이루는 친일 청산의 논리를 선악사관으로 매도한 그는 일본군'위안부' 동원을 매춘에 비유한 발언으로 인해 곤욕을 치렀다. 강한 목적의식을 가지고《해방전후사의 재인식》을 캠페인의 수단으로 활용하려 한 것은 그때의 트라우마가 빚은 결과였다.

《해방전후사의 재인식》이 논란에도 불구하고 탈민족주의 역사 서술이란 명분을 내세웠다면, 《반일 종족주의》는 그러한 움직임이 민족의 자리에 제국을 올려놓는, 백두산 신화의 자리에 황국신민의 서사를 적어 놓는 허위와 모순의 나락으로 빠질 수 있음을 보여주었다.

자기의 스승 안병직을 흠숭했을 사람들을 "젊은 시절 한때 그 혁명에 영혼이 팔려 본 사람"으로 묘사함으로써 일차적 자기 부정을 표면화한 이영훈은 "진지한 반성" 없이 "과거를 묻지 마세요"라는 태도로 자기가 표방한 탈정치적 역사 서술의 과제를 부정하는 이차적 자기 부정을 범하였다.[5] 정치논리에 휘둘리지 않는 학자로 알려졌으며 소득 불평등 연구에서 각광을 받은 김낙년, 《대군의 척후》(2008)로써 에 커트의 학설을 비판하여 의미 있는 논쟁을 촉발한 주익종도 이영훈과 함께 돌아올 수 없는 강을 건넜다. 박사과정 시절 《맛질의 농민들》에 좋은 논문을 실은 이우연의 극단적인 전락은 뉴라이트의 정치적 도그마에 영혼이 팔린 사람이 얼마나 끔찍한 길을 갈 수 있는지를 보여주었다.

《반일 종족주의》는 역사 부정이라는 외재적 비판 외에 자기 부정이라는 내재적 비판에 직면한다. 그러한 견지에서 그 책을 분석하는 것은 지난 40년의 지성사를 되돌아보는 작업이 된다.

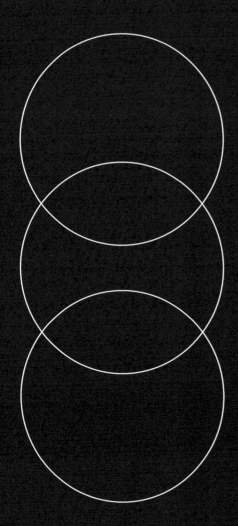

뉴라이트의
기괴한 역사인식

박한용

'거짓말' 이데올로기의 거짓말

한국인은 세계에서 가장 거짓말을 잘 하는 국민?

2019년 7월에 《반일 종족주의》라는 책이 출간됐다. 이 책의 간판 필자라 할 이영훈은 프롤로그에서 대한민국은 '거짓말과 사기가 난무하는' 나라이고, 역사학계·사회학계·대학·정치·사법 등 전 분야에 거짓말이 만연했다고 단언했다.[1] 이영훈은 "한국의 거짓말 문화는 국제적으로 널리 잘 알려진 사실"이라며, 그 증거의 하나로 한국과 일본의 '거짓말 관련 범죄'(위증죄와 무고죄) 통계를 비교 제시했다. 그런데 이 이영훈의 주장 자체가 거짓말에 기반하고 있다. 장제원에 따르면 이영훈의 이러한 주장의 근거는 《맥심코리아》, 《펜앤드마이크》, 《비즈니스저널》 등 대부분 한국과 일본의 시답잖은 우익 가십 기사나 잡지류에 근거한 것이다. 장제원은 늘 통계를 신처럼 받드는 이영훈의 이 주장은 애초 통계의 '누락의 오류' 또는 지인의 말을 빌려 일종의 화투판의 '밑장 빼기' 같은 꼼수에 지나지 않는다고 했다.[2]

이영훈이 '한국인은 세계 제일의 거짓말 민족'의 근거로 든 통계의 실체와 그 적용 방식도 문제이지만, 더 큰 문제는 이 통계를 근거로 그가 구성한 역사인식이다. 도저히 동의할 수 없는 통계를 가지고 한국인을 제일 거짓말 잘 하는 민족이라고 못박고는, 이것이 5천년 이상 내려온 샤머니즘적 종족주의에서 비롯한 원초적 민족성이라고 규정했기 때문이다. 조선인의 민족성에 대해 '게으르고 거짓말을 잘 한다'라고 주장한 과거 일본의 식민사학자들의 제국주의적 인종차별(또는 민족차별)이 21세기에 다시 부활한 것이다. 게다가 한국인의 거짓말의 피해자로 일본과 한국의 수구 정치세력을 들고 있는 점도 놀랍다.

먼저 이영훈은 '한국인의 거짓말의 최대 피해자'로 일본을 들고 있다. 《반일 종족주의》는 그 내용 대부분을 20세기 전반 우리에게 가장 가혹한 가해를 한 일본제국주의가 오히려 '한국인들의 거짓말'에 의한 피해자라는 것을 입증하는 데 할애하고 있다. 또 한 부류의 피해자는 한국의 수구 정치세력이라 한다. 2002년 대통령선거 당시 이회창 후보가 자신의 아들이 군대 가지 않으려고 몸무게를 일부러 줄였다는 거짓말의 피해자가 되었고, 2008년도에 이명박 정부를 곤경에 빠트린 광우병 파동도 거짓 방송 탓이며, 박근혜 전 대통령조차 거짓말에 의해 쫓겨나고 말았다고 주장했다.[3]

누가 증오와 거짓말의 변주를 하는가

이영훈은 《반일 종족주의》의 첫 꼭지(《황당무계 '아리랑'》)에서 조정래의 소설 《아리랑》이 묘사한 일제강점기 조선의 상황이 "역사적으로 실재하지 않은 터무니없는 조작"이라고 평가절하했다.

소설 《아리랑》에서 조정래는 만경강 북쪽 옥구·익산·군산 지역이 조선인의 피땀으로 개간된 곳이었으나, 일제의 토지조사사업 이래 수탈된 것으로 묘사했다. 이에 대해 이영훈은 소설의 무대가 된 이 지역은 원래 갈대가 우거진 개펄에 지나지 않았는데, 조선총독부나 일본인들이 제방을 쌓고 개간을 한 신흥 농업개발지라고 주장한다. 결코 조선인의 농토를 빼앗거나 수탈한 적이 없다는 것이다. 한마디로 조정래의 《아리랑》은 시작부터 허구라는 주장이다.[4]

이영훈의 《아리랑》 공격에 대해 일찍이 허수열 전 충남대 경제학과 교수는 이 지역의 고지도와 수리조합 신청서를 실증적으로 검토해, 이 지역은 이미 19세기 이래 조선인이 농사를 짓고 있었다며 이영훈의 주장을 전면 반박하는 논문을 발표한 바 있다.[5] 즉, 수리조합 신청서를 보면 만경강 북쪽 옥구·익산·군산은 토지조사사업 이전인 1909년 이미 빈틈없이 수리조합이 있었고, 만경강 남쪽 동진강 호남평야도 수리조합이 설립 신청서를 낸 사실 등을 들어 이곳에서 조선인들이 농사를 지었다는 증거로 제시했다. 또 1872년 고지도에는 전북 김제군에 5개 장시(5일장)가 있는데 그중 2개가 벽골제 하류에 있었다. 만일 이영훈 주장대로 이곳이 개펄이었다면 어떻게 5일장이 열릴 수 있겠느냐고 반박했다. 그러기에 허 교수는 이영훈의 주장은 "하나하나 뜯어보면 모두 거짓말"이라고 단정했다.[6]

사실 만경평야 일대는 이영훈 등이 일제의 식민지 근대화가 가장 두드러지게 성과를 낸 곳으로 내세우는 '식민지 근대화론의 성지'이기 때문에, 허수열 교수의 비판은 매우 중요하다. 그런데 이영훈은 허수열의 반론에 대한 응답 대신 이 지역이 20세기 전반(곧 일제강점기 내내) 일제에 의해 개발되었다'는 극히 짧은 주장으로 대체한 채, '경찰의 즉결 총살', '이유 없는 대량학살' 등의 내용을 문제 삼으면서

'학살과 겁탈의 광기'에 찬 소설임을 폭로하는 지점으로 논쟁을 이동하고 있다.[7] 허수열 교수는, 자신이 가진 자료들을 토대로 이영훈의 주장을 반박하면 이영훈은 그 문제에 대해서는 침묵하고 다른 이론이나 다른 사실을 들고 나와 반박해보라는 식으로 '두더지 게임'을 벌인다고 한탄하기도 했다. 《반일 종족주의》의 선동적 글쓰기와 표현들을 보면 조정래 작가보다는 이영훈 자신이 광기와 분노에 사로잡힌 것은 아닌가 여겨질 정도이다.

뉴라이트의 역사인식 구조

이영훈을 비롯한 뉴라이트 세력은 왜 일본 우익조차 상상하지 못할 '담대한' 주장을 내세우고 있는가? 그것을 이해하기 위해서는 그들이 구축한 한국 근현대 100년의 전체적인 역사인식을 이해할 필요가 있다. 《반일 종족주의》는 그 가운데 튀어나온 일부 주제이자 핵심을 이루기 때문이다.

뉴라이트 세력은 2008년 '교과서포럼' 명의로 《대안 교과서 한국 근·현대사》를 통해 자신의 정치적·역사적 입장을 명확하게 드러내었다. 이어 2013년 교학사판 고등학교 검정교과서인 《한국사》(이하 교학사판 《한국사》)와 같은 해 이영훈이 집필한 경기도 공무원 교재인 《경기도 현대사》가 뒤를 이었고, 기타 《시대정신》과 같은 뉴라이트 기관지나 수구 언론의 기고 등을 통해 그 주장을 확산했다.

뉴라이트 세력은 '대한민국의 발전사'라는 측면에서 20세기 한국사를 새롭게 기술해야 한다고 주장한다. 이들은 북한은 실패한 국가이며, 대한민국은 산업화와 민주화를 동시에 달성한 '20세기 세계사의 모범국가=성공국가'라는 결과론 관점에서 근현대사를 서술하고 있다. 그리고 '대한민국의 위대한 성공의 역사'와 '자유주의 시장경제에 입각한 대한민국의 정통성'을 수호할 것을 교과서를 통해 국민들에게 가르쳐야 한다고 주장한다.[8] 그 핵심 논지는 대한민국의 '놀라운 성공의 역사적 기반'이 일본제국주의의 식민지 지배의 성과에 있다는 것이다.

뉴라이트는 일제강점기를
어떻게 바라보고 있는가

개인의 자유와 권리에 입각한 법치국가?

뉴라이트 세력들은 현행 검인정 국사교과서가 일제 식민지 실상에 대해 지나치게 민족적 편견에 입각해 서술하고 있다고 맹비난한다. 이들은 '있는 그대로의 사실을 서술해야 한다'는 실증주의를 전면에 내세우면서, 식민지기를 식민 통치자들의 근대화 정책과 조선인들의 주체적 근대 적응에 의해 '근대화 역량이 구축된 시기'로 보아야 한다고 제안한다. 즉 식민지 시기는 '억압과 투쟁의 역사'만은 아니었으며, 일제 식민 통치의 '의도하지 않은 효과'와 한국인 자신들의 노력에 의해 "근대문명을 학습하고 실천함으로써 근대 국민국가를 세울 수 있는 사회적 능력이 두텁게 축적된 시기"라는 것이다.[9]

이영훈이 쓴 《대안 교과서 한국 근·현대사》는 일제가 '민사령民事 令'을 통해 개인의 인격적 존엄과 자유로운 행위 그리고 자본주의에 입각한 경제 활동을 조선인에게도 전면적으로 보장했다고 주장한다. 여기서 더 나아가, 이영훈은 일제의 식민지 유산을 계승하면 발전하고 단절하면 후퇴한다는 주장을 한다. 예를 들어 이영훈은 해방 후 북한은 "일제가 만든 법과 모든 통치기구를 폐기"함에 따라 "그 법과 제도에 실려 있는 근대문명이 죄다 폐기되었기" 때문에, 북한은 "정체와 후퇴의 역사를 걸을 수밖에 없었다"라고 주장한다. 반면 "기존의 사회체제를 온건하게 타협적으로 개량한 대한민국은 번영을 거듭하여 오늘날 경제적으로나 문화적으로 선진국의 반열에 진입하고 있다"고 했다.[10]

이영훈의 주장대로라면 일제 잔재 청산은 시대착오이며 반문명적 행위가 되고 만다. 정말 그럴까? 그럼 일제의 법령에서 어떤 것들이 대한민국에게 '온건하고 타협적으로' 넘어갔는지 몇 가지 '근대문명'의 실례를 살펴보자.

일제강점기 4대 악법으로 불린 〈보안법〉(1907. 7)과 이를 대체한 〈치안유지법〉(1925)·〈광무신문지법〉(1907. 7)·〈출판법〉(1909. 2)·〈집회취체법〉(1910. 8) 등은 조선인들이 가장 격렬하게 저항한 악법들이었다. 선거권은 차치하고라도 언론·집회·결사의 자유라는 최소한의 기본권조차 일제는 박탈했기 때문이다. 여기에 이영훈이 말하는 어떤 자유와 인권이 존재한다는 말인가.

물론 대한민국이 이 법들을 계승하기는 했다. 〈치안유지법〉은 뉴라이트가 건국대통령이라고 떠받드는 이승만 정권 때 〈국가보안법〉

(1949)으로 되살아났다. 대한민국의 〈국가보안법〉은 '온건하고 타협적으로 개량'되기는커녕 '일제 잔재와 인권침해의 독소 조항을 가진 악법'으로서 박정희 등 독재자들의 정권 유지 도구로 거듭 개악되어 살아남았다. 일제의 출판·언론·집회·결사의 자유 제한 또한 이승만 독재정권 이래 역대 독재정권의 기본권 탄압의 핵심 독소가 되었다. 집회 및 시위법은 악법이 제정된 지 94년 만인 2014년에 비로소 '한정 위헌'이 되었다.

특히 일제는 대한제국의 형법을 악법이라고 해 많은 법을 폐지하면서도, 조선인은 아직 무지하다는 핑계와 재판 비용의 절감을 위해 〈태형령〉(1912. 3)만은 남겨두었다. 태형령은 〈범죄즉결례〉와 함께 적용되어, 일제의 헌병이나 경찰은 조선인에게 재판 없이 징역·구류 및 벌금형 대신 태형을 가했다. 1919년 이후 3년간 태형에 처해진 조선인 숫자는 재판에 회부된 자와 즉결 사건을 합하여 5만 7,324명에 이른다. 하루 평균 17~18명이 노예처럼 두들겨 맞은 것이다. 〈태형령〉은 3·1운동이라는 피의 대가를 치르고서야 폐지되었다.

일제강점기 비전향자에 대한 보호관찰과 강제전향제도인 〈조선사상범보호관찰령〉(1936)은 박정희 정권 때 〈좌익수형수 전향공작전담반 운영지침〉(1973)으로 부활해 폭력적인 강제전향이 이어졌다. 형기가 끝났더라도 '재범·도주의 우려가 있다'고 독립운동가들을 다시 구금하던 일제의 〈조선사상범 예방구금령〉(1941)은 박정희 정권 때 〈사회안전법〉(1975. 7)으로 부활했다. 일제강점기의 학생 군사훈련(교련)도 부활시켜 학교의 병영화를 꾀하기도 했다.

도대체 무슨 "오늘날 한국 현대문명의 제도적 기초"가 일제강점기에 닦였으며(《대안 교과서 한국·근현대사》, 96쪽), 그 결과 "오늘날 경제적으로나 문화적으로 선진국의 반열에 진입"(《경기도 현대사》, 18쪽)했다는 말인가.

이러한 이영훈 등의 시각은 19세기 제국주의의 낡은 침략 이데올로기인 '문명개화론'의 21세기 버전에 지나지 않는다. 영국의 식민지 지배를 바라보는 뉴라이트 계열의 박지향 교수의 글을 살펴보면, 제국주의적 문명개화론이 이들 전체의 경향이라 판단할 수 있다.

> 영국은 피지배 지역에 민주주의와 포용적 경제제도를 도입하였고, 경제 발전을 위해 결정적인 재산권 보호를 위해 식민지에서의 법치주의 확립에 진력하여, 프랑스, 포르투갈, 스페인 식민지였던 곳들보다 더욱 번영하였다. 영국인들이 심어준 법문화가 법 집행의 엄정함과 절차상의 정의가 강조된 관계로, 국가 또는 지배계급의 임의적인 권력행사를 방지함으로써 덜 부패하고 식민지의 사회경제적 발전에 이롭게 작용하였다.……영국은 교육, 교통통신, 법치, 관료제, 간접통치를 통한 훈련 등을 통해 독립 후 민주주의에 더 나은 내부구조를 만들어주어 식민 지역의 민주주의 정착에도 프랑스식 통치보다 더 나았으며, 영제국의 권력은 프랑스나 일본보다 덜 강압적이었다(박지향, 《제국의 품격》).

박지향은 영국의 식민 통치가 프랑스나 일본의 그것보다는 덜 강압적이라고 단서를 달았지만, 영국을 일본으로 바꾸면 곧 이영훈의 식민지 근대화론과 똑같다. 다만 일본보다는 영국이 더 품위 있는 노예주라는 걸 강조할 뿐이다.

일본(인)이 주인공이 된 일제강점기 역사

뉴라이트 학자들은 일본제국주의의 수탈과 억압은 과장되었거나 터무니없으며, 일제는 법치와 자본주의 교환관계에 의해 경제 활동을 전개했을 뿐이라고 강조한다(수탈 없는 식민지). 일제 식민지 시기는 '제국주의의 말발굽과 함께 들어온 서양 근대문명을 학습하고 축적한 시기'로 보아야 한다는 게 핵심 주장이다(식민지 근대화론).

  뉴라이트들은 일제가 각종 근대제도를 도입하고 철도·도로·항만·공업화·농지 정비 등 물적 인프라스트럭처를 확충해 해방 후 대한민국의 근대화의 물적 기반은 남겨주었다고 주장한다. 이러한 기반이 있었기에 박정희의 근대화 개발은 다른 개발도상국가보다 앞설 수 있었다는 것이다(근대화의 물적 인프라스트럭처 구축론). 한편 일제가 근대적 교육기관을 확대함으로써 조선인은 비로소 문맹인에서 문명인으로 전환되었고 이들이 훗날 조국 근대화의 대중적 저변이 되었다고 한다. 또 적지 않은 조선인들은 조선총독부와 같은 식민 통치기구에 '참여'함으로써 '각종 근대국가 운영의 경험과 능력'을 축적했고, 해방 후 이승만 정권이 이들을 중용함으로써 이들 덕분에 대한민국은 빠르게 효율적인 근대국가 체제를 갖출 수 있게 되었다고 주장한다. 일제에 의해 '문명교육'을 받은 세대와 친일부역자들이 조국 근대화의 대중적 기초와 지도엘리트로 합쳐지는 게 우리의 근대화 프로젝트인 셈이다(근대화의 인적 인프라스트럭처 구축론).

  이들에 따르면 친일파는 '건국의 아버지' 또는 조국 근대화의 주인

공이 되고 만다. 그리고 박정희 정권은 일제강점기 이래 구축된 인적·물적 인프라스트럭처를 기반으로 조국 근대화를 달성했다는 것이다.

뉴라이트의 이러한 인식은 일제강점기 한국 역사의 주체는 자연 조선총독부나 일본인 대기업이나 대지주가 되고 이들이 이루어놓은 '근대화의 성과'가 우리 역사의 뼈대가 된다. 독립운동가가 철도나 도로를 놓을 리는 없기 때문이다. 독립운동사는 이들의 역사에서 원천적으로 배제되고 일본인이나 친일파가 역사의 주인공이 된다.

수탈 없는 식민지?

뉴라이트 학자들은 일제 식민 통치 당국의 공권력에 기초한 폭력적 수탈은 존재하지 않았으며, 순수하게 자본주의 경제의 교환관계, 즉 시장의 논리에 입각한 교환을 통한 부의 이동이 있었을 뿐이라고 역설한다.

이들은 '수탈'이란 개념을 마적이나 강도들의 '약탈' 또는 '강탈'과 같은 의미로 사용함으로써(경제외적 강제), 그러한 일제의 수탈은 없었다고 주장한다. 그러나 한국사 학계는 그런 '원시적 수탈'을 얘기하는 것이 아니다. 제국주의가 식민지의 정치·경제·사법 등 모든 분야를 장악하고, 이러한 식민 통치의 시스템과 각종 차별과 그것을 용인하는 실제 현장을 통해 자신의 이익을 일방적으로 실현시킨 '구조적 수탈'을 지적하는 것이다. 조선인에게는 자신을 지켜줄 국가가 없었고, 조선총독부는 어디까지나 일본제국주의의 식민 통치 기구로서의 임무가 일차적이었다. 일제는 법과 제도와 정책을 매개로 자국과 자민족의 이익 극대화를 위해 수탈과 민족 간 차별·불평등을 자행한 것이다.[11]

뉴라이트가 식민지 농업 근대화의 대표 성과로 자랑스럽게 드는 일제의 산미증식계획과 수리조합 설립만 보아도 뉴라이트의 '수탈 없는 식민지 근대화론'의 오류와 한계가 명확하게 드러난다. 먼저 이들의 설명을 보자.

문화정치로 전환한 총독부는 농업 개발에 착수하여 산미증식계획을 추진하였다.……수리시설을 확충하고자 각지에서 수리조합이 활발하게 결성되었다. 수리조합은 식산은행의 대출자금으로 공사비를 충당했고, 총독부의 토지개량과는 공사의 설계와 기술을 지원하였다. 산미증식계획의 결과 수리시설을 갖춘 논이 증가하였다.……1910년 후반에 비해 1930년대 연평균 쌀 생산량은 700만 석 가량 증가했는데, 그 가운데 570만 석이 일본으로 수출되었다.……농민과 지주들은 다른 농사보다 수익성이 좋은 쌀농사에 주력하였다. 농민들은 산미증식계획의 지원을 받지 않고서도 자발적으로 수리시설을 개량하였다. 그런 토지가 수리조합에 속한 토지보다 훨씬 많았다(《대안 교과서 한국 근·현대사》, 86~87쪽).

한마디로 일제의 수리조사사업과 농업 개발정책에 힘입어 수출(정확하게는 이출이란 용어가 맞다–인용자)이 늘어 소득이 증대했다는 것이다. 이 결과 한국인의 생활수준도 향상되었다고 한다.

그러나 실상은 달랐다. 첫째, "1910년 후반에 비해 1930년대 연평균 쌀 생산량은 700만 석가량 증가했는데, 그 가운데 570만 석이 일본으로 수출되었다"는 이들의 주장은 통계와 맞지 않다. 당시 조선총독부 조선은행조사부의 《조선경제연보》(1948)나 농림국의 《조선미곡요람》(1936. 4)이나 일본인이 쓴 《조선미곡경제론》(1935)에 따르면 1930~1932년 연평균 이출액은 800만 석 이상이었다. 또 1930~1935년 연평균 쌀 생산량은 700만 석이 아니라 약 372만 석 증가한 것으로 보아야 한다. 이 경우 증산이 372만 석인데, 800만 석 정도가 일본에 이출된 것이니, 약 430만 석이 추가로 일본으로 유출된 것이다. 쌀의 증산 분량보다 훨씬 더 더 많은 양의 미곡이 일본으로 이출되어, 이 때문에 조선에서 쌀 부족 현상이 일어났다. 이 시기 조선인 1인당 쌀 소비량은 일본인 1인당 소비량의 절반 남짓에 지나지 않았다.[12] 이 때문에 조선총독부는 부랴부랴 만주의 잡곡을 수입해 쌀 부족에 대처할 수밖에 없었다.

둘째, 조선총독부가 조선인을 위한 정부라면 조선인을 굶기면서까지 연평균(1930~1934) 쌀의 생산량의 40퍼센트를 기아飢餓 이출할 리 있겠는가. 조선총독부는 일본 본국의 미곡 안정을 위한 희생양으로 이런 기형적인 이출을 용인하고 장려한 것이다. 그것이 제국주의와 식민지 사이의 '수탈'의 본질이다. 수탈이 정책이나 법적 강제 또는 공권력의 강압적 집행 등에 의해 가려졌을 뿐이다.

셋째, 산미증식계획과 일본으로의 쌀 이출로 이익을 본 것은 일본인 대지주와 소수의 조선인 지주에 지나지 않았다. 자기 입에 풀칠하기 바쁜 소농들에게 무슨 큰 이득이 있었겠는가? 특히 쌀이 일본으로 대량 이출되자, 이익에 눈먼 대지주들은 50~60퍼센트(극단적인 곳은 80퍼센트)의 고율 소작료를 징수했다. 이 때문에 조선 농민의 80퍼센트에 해당하는 소작농(자소작농 포함)은 절대 굶주림에 시달렸고, 소작쟁의가 폭증해, 1920년부터 1939년까지 20년간 소작쟁의 건수는 14만 969회로 나타났다. 그리고 농촌을 떠나는 유랑민들이 1925년 한 해만 해도 조선총독부 공식 통계만으로 15만 5,112명에 이른다. 1930년 거지의 수효는 5만 8,204명에 이르렀다.[13] 이것이 산미증식 계획이 빚은 실체이다.

뉴라이트가 식민지 근대화의 가장 큰 성과로 내세우는 일제의 산미증식계획조차 이러하니 다른 것은 말해 무엇하겠는가? 물론 일제강점기의 농업 개발, 공업 개발, 조선인 인적 자본의 형성 등에서 일제강점기 '개발'에 따른 외형적인 성장은 당연히 확인된다. 그러나 그 이면, 즉 경제 개발의 과실이 일본인과 조선인 가운데 누구에게로 돌아갔는가를 분석해보면 실상은 "혜택 없는 개발"에 지나지 않았다. 일제의 조선 개발은 조선 땅 위에서 이루어진 개발이었음에도 일본인들의, 일본인들에 의한, 일본인들을 위한 개발이었고, 한국인에게는 전혀 그 혜택이 돌아가지 않았다.[14]

근대화의 인적 인프라스트럭처?: 교육과 친일파 문제

뉴라이트의 《대안 교과서》나 교학사판 《한국사》를 보면 일제가 조선을 영구 지배하기 위해 다른 어느 제국주의보다도 식민지에 근대문명을 이식하는 데 열심이었다고 강변한다. 이들은 식민지인 조선에도 일본과 동등한 대학 학제인 경성제국대학과 같은 최고교육기관이 설립되었음을 강조하였다.

그러나 경성제국대학은 조선에 살고 있는 일본인 자녀들이 일본 본국까지 유학을 해 대학을 다니는 것에 대한 불만을 해소하려는 것이 일차적인 설립 목표였다. 여기에는 당시 조선인들의 열화와 같은 민립대학 설립운동을 막기 위한 수단이었음도 지적되어야 한다. 또 경성제대의 조선인과 일본인의 입학 비율은 제한되어 언제나 일본인 학생들이 3분의 2 이상을 차지하였다는 사실도 외면하고 있다.[15]

일제 말 조선인 아동의 초등학교 진학률이 높았고, 이 근대교육을 통해 한국인은 문맹에서 문명으로 전환할 수 있었다고 극찬한다. 그러나 이들은 인구의 대다수를 점하는 조선인들에게는 초급교육의 기회만 부여되었으며, 상급학교 진학은 한줌도 안 되는 일본인 학생의 몫이었다는 사실은 지적하지 않는다. 1937년 이후 초등학교는 어린 조선인 학생들을 조기에 황국신민으로 만들어 전쟁의 총알받이로 끌고 가려는 조선인 징병제 계획과 맞물려 운영되었다. 이 시기 조선인 아동들을 군국 파시스트로 '최초의 사회화first socialization'를 하려 한 것을 근대 문명교육으로의 전환이라고 할 수 있을까.

일제강점기 후반 조선총독부는 '조선인 아동의 의무교육'을 비밀리에 입안했다. 얼핏 보면 '식민지 복지국가론'으로 비칠 수 있겠다. 그러나 이 입안의 주체는 조선총독부 학무국과 조선군사령부였다. 군부가 왜 의무교육에 나섰을까? 조선 아동을 철저하게 황국신민화시켜 군사자원을 확보하고 장기적으로는 영원히 노예의식을 세뇌시키려는 의도였기 때문이다.[16] 또 뉴라이트 교과서류는 한글 또한 조선총독부 교육정책의 효과로 크게 보급되었다고 한다. 조선어 수업을 없애고 조선어 사용을 금지하고 조선어학회를 탄압한 것 같은 중대한 '문화적 제노사이드'는 안중에도 없다.

친일파 문제에서 뉴라이트의 역사인식은 파탄에 이르고 있다. 《대안 교과서》를 보면, 이들은 일제 말 전시체제 아래 국내 민족주의 지도자들이 대부분 친일로 돌아섰다고 주장한다. 보통의 조선인들도 강제적으로 또는 자발적으로 전시체제에 참여했다고 서술했다.[17]

친일파 단골 변론인 '그때 친일하지 않은 사람이 어디 있냐'는 물귀신 작전인 '총체적 친일파론'의 전형이다. 일제에 적극 협력해 전쟁 동원에 앞장선 친일파들과, 일제의 물자 수탈과 인력 수탈의 대상이 된 일반 조선인들 모두 일제의 침략전쟁에 자발적이든 강제적이든 '협력'했다는 식으로 서술해, 가해와 피해의 영역을 섞어버렸다. 일제 말 수많은 항일 비밀결사들이 저항운동을 했으며, 건국동맹이 최후까지 활동한 사실에 대해서는 아예 눈을 감고 있다.[18]

한편 뉴라이트 세력은 일제에 협력한 지식인·관료·자본가 계층을, 일제의 식민 통치와 식민지 근대화 과정에 잘 적응해 근대적 능력을 배양하고, 대한민국 발전의 초석을 놓은 '근대화 선구자'로 둔갑시키고 있다. 예를 들어보자. 만주국 명예총영사이자 중추원 참의를 지낸 특급 친일파 김연수(경성방직 사장, 김성수의 동생)를 민족자본을 육성하고, 해방 후 한국 경제의 기초를 마련한 것으로 특별히 높게 평가하고 있다.[19] 또 뉴라이트 학자들은 조선총독부 고위 관료로 근무한 친일파들을 친일 부역이 아니라 근대국가의 운영에 참여한 경험을 쌓은 것으로 미화했다. 이렇게 되면 일제 때 중추원 참의나 군수를 지낸 고위 친일파들은 근대적 행정 경험을, 판사나 검사를 지낸 이들은 근대적 법제도를 습득한 인물이 되고, 친일 군인들은 한국전쟁 때 북한 인민군을 격퇴할 수 있는 근대적 군사 역량을 습득한 것이 된다.

이들의 논리대로라면 식민지 시기 '항일은 독립 쟁취, 친일은 건국 역량 준비'라는 기괴한 도식이 성립한다. 서로 적대 개념인 항일과 친일이 둘 다 국가 건설을 위한 '애국 활동'이라는 희한한 논리이다.

일제 식민지 시기를 경제 성장과 조선인 생활이 향상되었다 보고, 친일파를 근대화의 선각자로 보는 한, 항일운동은 근대화의 걸림돌이 되고 만다. 일제가 '문명화'에 쓸 돈을 '항일세력'이 소모시켰으니, 사실상 '근대 문명화'의 비용 손실일 수밖에 없지 않은가.

근대화 지상론에 입각한 이들의 논리를 보자면 그럴 만하다. 10여 년 전 '뉴라이트의 대부'인 안병직 전 서울대 경제학과 교수가 국내 극우 일간지에 '한국 현대사에서 민주화운동은 경제상 비용 손실만 초래하여 산업화·경제 성장의 걸림돌'이라고 언급했던 논리와 딱 들어맞는다. 항일과 민주화는 이들에게 근대화의 걸림돌에 지나지 않는다.

식민지 범죄를 은폐하는 식민지 근대화론

뉴라이트 계열의 일제강점기, 곧 이들이 말하는 식민지 근대화 시기는 본질적으로 제국주의와 식민지라는 폭력적인 상호관계 속에서 파악되어야 한다. 노예제가 노예와 노예주 사이의 상관관계에서 파악되어야지, 노예가 노예주에게 얼마나 감화받았는가가 노예제를 바라보는 기본 시각이 아닌 것과 마찬가지이다.

2010년 한국과 일본의 시민단체들이 일제의 강제병합 100주년을 맞아 동아시아 평화와 공존을 위해 식민주의의 청산이 필요하다는 공동선언을 했다. 다음은 그 내용의 일부이다.

> 100년 전 일제에 의해 한반도에 강제된 식민주의는 가해국과 피해국의 문제를 넘어 세계사 차원의 범죄행위였습니다.……식민지에 군림한 정권은 예외 없이 일방주의에 기초한 폭력적 체제로서 식민지 민중의 일체의 인간적 권리를 근본적으로 부정했습니다. 그런 점에서 식민주의는 민주주의의 적이기도 합니다.
> 식민주의는 식민지 민중의 정체성을 말살하는 문화적 제노사이드와 대규모의 학살을 예외 없이 자행했습니다. 때로는 인종 청소의 형태로, 때로는 제국의 대외침략전쟁에 소모품으로 동원하여 간접 학살하기도 했습니다. 그렇기에 식민주의는 언제나 제노사이드를 내재하고 있는, 인간 생명의 존엄성과 평화의 대척점에 서 있는 체제이자 이데올로기입니다.[20]

이것이 지난 세기 일본제국주의의 식민 지배와 침략전쟁에 고통받았던 한일 두 민족이 깨달은 역사의 교훈이다. 그런데 뉴라이트는 다시 과거로 퇴행하고 있다. 일본 우익과 함께 했던 '좋았던 식민지 시절'로.

위험한 대한민국사 인식

친일파를 건국의 지도자로 만드는 '건국절'

뉴라이트 계열의 해방 후 '대한민국사' 서술은 더 심각한 문제를 안고 있다. 교과서포럼은 '대한민국'을 좌익과 투쟁하면서 세운 반공국가 이자 시장경제에 입각한 자유민주주의 국가라는 점에서 그 정체성과 정통성을 찾고 있다. 그리고 이들은 이러한 가치에 입각한 '대한민국의 정통성'을 수호할 것을 교과서를 통해 국민들에게 가르쳐야 한다고 주장한다.[21] 그리고 그 절정의 정치 프로젝트가 이명박·박근혜 정권으로 이어지는 수구 정치세력의 '건국절' 제정 시도이다.

'건국절' 제정이란 간단하게 말하자면 한국의 최대 국경일인 1945년 8월 15일 광복절을 없애고, 대신 1948년 8월 15일 '대한민국 정부 수립일'을 새로 건국절로 제정하자는 것이다.

이들의 주장은 대한민국은 일제로부터 독립한 것이 아니라는 전제에서 출발한다. 우리의 독립운동은 미약해서 일제로부터 독립을 쟁취하지 못하고, 미국 등 연합국에 의해 해방되었기 때문이라는 것이다(타율적 해방론). 따라서 1945년 8월 15일은 미국에 의한 '해방'이지 우리 자신의 독립운동으로 쟁취한 독립일이 아니니, 광복절이라고 부를 가치도 없다는 것이다. 오히려 해방 후 3년 동안(미군정 시기)이 우리 스스로의 힘으로 건국운동을 전개해 대한민국이 건국되었으니, "진정한 의미의 빛은 1948년 8월 15일의 건국 그날(대한민국 정부 수립일-인용자)에 찾아왔다"고 주장했다.

그리고 "개화기와 식민지 시기에 걸쳐 민족의식을 자각하고 근대문명을 학습하고 실천해 온 근대화 세력과 해방 이후 미국을 따라 들어온 자유민주주의 국제세력의 결합으로 대한민국이 성립하였다"고 보았다.[22] 대한민국 건국의 주체도 독립운동가가 아니라 (친일세력을 근간으로 한) 근대화 세력과 미국이라는 주장이다. 이런 입장에서 이영훈은 1945년 8월 15일 '광복절'을 국경일에서 해제해 '해방'이라는 용어로 고치고, 1948년 8월 15일 '정부 수립일'을 '건국절'로 새로 제정해 미국의 건국기념일 축제처럼 성대하게 기리자고 주장했다.[23]

이명박 정부는 이 주장을 받아들여, 2008년 보수 인사와 뉴라이트 세력을 중심으로 '대한민국 건국60주년 기념사업추진위원회'를 만들어 대대적인 건국절 행사를 준비했다. 놀랍게도 이명박 정부는 헌법에 명시된 대한민국 임시정부의 법통성을 부정하는 뉴라이트 계열 학자들의 주장을 그대로 받아들여 정권 차원에서 건국절을 밀어붙인 것이다.

이들의 논리에 따르면 대한민국 건국은 일제강점하의 독립운동가나 임시정부와는 관계가 없으며 해방 후 3년 동안의 대한민국 건국에 기여한 인물들이 건국 공로자가 된다. 결국 대한민국은 일제로부터 항일투쟁에 의해 독립을 쟁취한 나라가 아니라, 해방 후 3년간 '피어린 반공투쟁' 속에서 만들어진 국가로 재규정되고, 따라서 과거 극렬하게 친일을 했더라도 해방 후 대한민국 건국 활동에 참여하기만 하면(그 핵심은 반공투쟁일 것이다) 이들이 대한민국의 애국투사이자 건국 공로자가 된다.[24]

이 경우 노덕술과 같은 악질 고등계 형사 출신이나 김성수와 같은 특급 친일파나 서북청년단과 같은 폭력 극우 조직원 등이 모두 건국

공로자로 둔갑한다. 이와 달리 민족주의자로서 임시정부의 주석이었던 김구조차 대한민국 건국—분단정부 수립에 참여하지 않았기 때문에, '반국가사범'이 되고 만다.

이들은 대한민국 임시정부의 법통성을 부정하고—법통성이라는 용어의 적절성은 별개의 논의로 하더라도—인맥으로는 근대화 세력(주력은 친일파)—이승만(독재자)—박정희(친일파·독재자)로 이어지는 계보를, 국가체제로는 조선총독부(일본제국)—친일·친미·반공·독재국가로서의 대한민국을 법통으로 삼는 셈이다. 가히 환부역조換父易祖라 하겠다.

'건국절'의 더 큰 문제는 과거 친일세력이나 독재자 극우세력에 대한 면죄부만으로 끝나지 않는다는 데 있다. 건국절은 '유구한 역사와 전통에 빛나는 우리 대한국민은 3·1운동으로 건립된 대한민국 임시정부의 법통'을 계승하고 있다는 대한민국 헌법 전문을 부정하고, 반공과 독재의 역사를 정당화하고 이를 현재와 미래의 정통성으로 삼고자하는 일종의 역사쿠데타라 할 수 있기 때문이다.

독재를 자유민주주의로 둔갑시키다

이영훈 등은 대한민국사를 민주화와 평화통일을 지향하는 민중의 역사 대신 이승만—박정희로 이어지는 '탁월한' 영도자와 엘리트 관료와 재벌에 의한 '눈부신 성공 신화'의 역사로 재규정한다. 철저하게 소수 상층 중심의 역사관이다. 여기서는 자유민주주의와 이승만—박정희의 상관관계 문제만 다뤄보겠다.

뉴라이트 세력은 이승만 대통령은 한반도의 남쪽을 공산 위협으로부터 지켜내고 자유민주주의의 초석을 놓은 '국부國父'로, 박정희 대통령은 한국 사회를 근본적으로 발전시키고 바꾸어놓은 '근대화 혁명가'로 평가해왔다. 《반일 종족주의》에서는 1948~1960년 이승만 의 시대는 '공산침략을 받아 나라를 방위하고 복구하는 시대'로, 1961~1979년 박정희의 시대는 '조국 근대화'의 시대라고 평가해, 자 유민주주의와 이들과의 상관관계를 다소 애매하게 둘러가고 있다.[25] 그럼에도 이들이 자유민주주의를 이 세력과 연관시키고 있는 것은 두말할 필요가 없다. 자유민주주의의 개념이나, 사회민주주의가 자 유민주주의에 속하는가 아닌가 하는 문제나, '자유'가 최고의 가치이 고 민주주의에는 '진짜'와 '가짜' 두 개밖에 없다는 따위의 논쟁은 그 냥 넘어가고, 그의 논리가 그 자체로 일관성이 있는지만 살펴보기로 하자. 우선 이영훈의 '자유민주주의'를 우리 역사에서 이승만과 박정 희에게 대입하는 순간 논리와 사실이 뒤죽박죽이 된다.

이승만 대통령은 자본주의를 선택하는 결단을 내림으로써 대한민 국의 운명의 나침반을 돌려놓은 '국부(건국의 아버지)'이다. 이승만 대통령의 결단이 없었다면 대한민국은 적화가 되어 지금 우리는 북한 주민의 끔찍한 삶을 살고 있었을 것이다. 박정희 대통령은 친 일파나 독재자로서가 아니라, '조국 근대화'를 성공적으로 추진해 오늘날 대한민국이 선진자본주의 국가로 진입하는 데 결정적으로 이바지한 '근대화 혁명가'로 기념해야 한다. 5·16은 군사정변이지 만 그 내용은 제3세계(또는 후진국)의 근대화 혁명의 출발이다.

이승만과 박정희는 자유민주주의자의 계승자가 아니라 파괴자에 지나지 않는다. 이승만은 대한민국 임시정부 초대 대통령, 대한민국 정부 초대 대통령이지만 한 번은 임시정부 의정원 결의로, 또 한 번은 4·19혁명으로 권좌에서 쫓겨난 자유민주주의 파괴범이다. 박정희는 군사쿠데타라는 불법을 자행했고, 끔찍한 유신독재의 장본인이었다. 여기 어디에 자유민주주의가 터 잡을 여지가 있는가.

한국 현대사에서 제1공화국 이래 수십 년 동안 '자유를 본성으로 하는 개인의 존엄성'을 파괴하고 억압한 주체는 사실 국가였다. 실로 '국가테러리즘의 시대'라고 불러도 지나치지 않을 이승만과 박정희 시대(그리고 그 후계자들의)의 대한민국 국가를 "자유와 인권과 재산을 수호하는 정의로운 권력"의 역사라고 부를 수 있을까? 그런데도 이들은 '국가테러리즘의 주범'인 이승만과 박정희를 '국부'와 '근대화 혁명가'로 치켜세움으로써 이들의 독재정치를 정당화하고 있다. 《반일 종족주의》의 맨 마지막 글은 다음과 같이 이승만에 대한 헌정으로 맺음하고 있다.

우리의 본향은 자유입니다. 건국의 아버지 이승만이 평생을 걸었던 순례의 그 길입니다(《반일 종족주의》, 392쪽).

이승만에 대한 이러한 샤머니즘적 신앙고백이야말로 그가 공격하는 '반일 종족주의의 샤머니즘'보다 더 해악스럽다. '자유민주주의의 적'을 '자유민주주의의 아버지'로 둔갑시키는 자가당착이 놀라울 뿐이다. 여기에는 자신들을 '수구세력'이라고 부르지 말고 '자유민주주의 세력'으로 불러달라는 '변신술'이 숨어 있다.

　민주주의라는 용어를 극구 부정하고 진짜 민주주의와 가짜 민주주의라는 이분법 구도를 만들어 반드시 자유민주주의를 써야 한다는 이들의 주장에는 또 하나의 음모가 숨어 있다. 누가 자유민주주의에 대해 문제 제기를 하면, 이는 곧 또 다른 (가짜) 민주주의—북한의 인민민주주의를 지지하는 것으로 몰아가려는 '색깔론'이 도사리고 있다. 민주주의란 끊임없이 확장되어가는 영역임에도 불구하고 굳이 '자유'라는 말로 한정하여 끊임없이 더 많은 민주주의를 추구하는 사람들이 등장하면 '자유민주주의의 적'으로 규정하려는 정치적 기제가 작동될 수밖에 없기 때문이다. 심지어 그 '자유'라는 말조차도 이승만과 박정희를 찬양하는 전제 위에서 사용되기 때문에, 이들이 말하는 '자유'는 매우 수상하다. 그것은 '건국절'과 '자유민주주의'란 용어 뒤에 숨어 있는 21세기 '빨갱이 식별법'이기도 하다.

왜 민족주의에 적대하는가

뉴라이트 특히 이영훈이 민족주의를 부정하는 논리는 대개 다음과 같이 요약할 수 있다. 워낙 반복되는 주장이기에 따로 인용을 표시하지는 않았다.

　한국 역사학계는 '지나치게 민족주의적이어서' 일제의 식민지 수탈을 과장하거나 없는 것을 있는 것으로 서술하고 있다. 항일투쟁의 역사 또한 실상보다 과장하고 있다. 또 현 교과서는 민족을 기준으로 해방 후의 역사를 서술하는 까닭에, (불법국가인) 북한을 민족사의 일부로 대한민국과 병렬 서술하는 잘못을 저지르고 있다. 북한은 엄연히 대한민국의 역사가 아니며 불량국가(또는 불법국가, 실패한 국가)이므로, 교과서 기술 시 대한민국의 역사를 기술한 부분과 별도인 부록이나 외전 형식으로 떼어내어야 한다. 그 내용 또한 북한의 일인 독재나 인권 유린 그리고 호전성과 파멸적인 생활상 등을 중심으로 기술해 북한의 실패한 역사를 알리고 대한민국의 체제 우위와 정통성을 가르치는 방식으로 서술해야 한다.

이 주장에 따르면 민족주의는 일제강점기와 해방 후 대한민국 역사에서 커다란 악영향을 미치는 것이 된다. 한국의 역사학자들은 민족주의자라서 일제의 식민 지배를 수탈이나 억압으로 왜곡하고, 해방 후에는 불법국가인 북한을 우리와 같은 민족으로 취급함으로써 남과 북을 대등한 나라로 취급하는 오류를 저지르고 있다고 본다. 특히 북한과 관련해서는, 이영훈 등은 화해와 공존 또는 남북의 장점을 딴 한 차원 높은 통일과정을 모색하는 대신 체제의 대결과 북한을 흡수통일하는 것만이 '북한 해방'의 유일한 해법이라고 주장한다.

이러한 '민족주의' 배격은 국제관계에 대해서도 지극히 외세의존적이며 몰주체적인 입장으로 나아간다. 일제 식민지라는 조건이 '외래 근대문명의 주체적 접합과정'으로 해석되듯이, 해방 후에는 우방인 미국과 일본이 중심이 된 해양세력과 정치·경제·군사에 걸쳐 긴밀한 협력관계를 전제로 대한민국의 도약이 가능했다는 것이다. 전통적인 한·미·일 삼각 반공동맹이 21세기 대한민국의 나아갈 길이라는 주장이다. 따라서 '민족감정에 사로잡힌' 한국인의 한일 과거사 청산 요구는 사실에도 어긋나거니와 민족주의의 산물이라고 맹공을 퍼붓고 있다. 한마디로 일제강점기와 해방 후 우리 역사, 그리고 대외관계와 분단 문제 등 모든 분야에서 민족주의가 역사의 걸림돌이라는 것이다. 그런데《반일 종족주의》에서는 한국의 민족주의는 서구의 그것과 달리 샤머니즘과 물질주의와 연계된 주술적 종족주의라고 극단적으로 비하하는 데까지 나아갔다. 그리고 호남 지역을 종족주의의 대표 사례로서 다음과 같이 쓰고 있다.

저는 한국의 정치가 이러한 종족주의의 특질을 강하게 지닌다고 생각합니다. 예컨대 매번의 대통령 선거에서 호남은 하나의 종족으로 단결합니다. 거의 90% 이상이 단일의 선택을 보입니다. 대소차이는 있지만 다른 지역도 마찬가지입니다. 이런 현상은 종족주의 원리로 설명될 수밖에 없는 특수성이라고 생각합니다(《반일 종족주의》, 388쪽).

정통성을 결여할수록 정통성에 대한 집착이 커지듯이, 뉴라이트의 '위험한 역사인식'은 친일−친미·반공·독재로 얼룩진 기득권 세력의 시대착오적인 몸부림에 지나지 않는다.

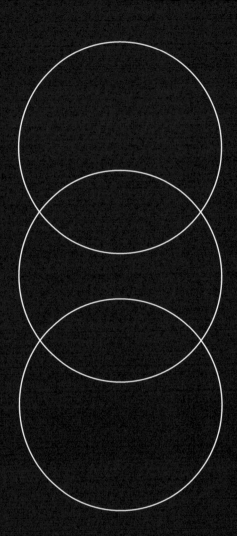

민족주의와
반일 종족주의

전재호

뉴라이트 역사관과
반일 종족주의

한국 사회에서 반일 민족주의에 대한 비판은 2019년에 새롭게 등장한 것은 아니다. 반일 민족주의에 대한 비판은 2000년대 중반 노무현 정부의 친일파 청산 작업, 곧 2004년 3월 〈친일반민족행위 진상규명에 관한 법률〉 및 2005년 5월 〈진실화해를 위한 과거사 정리 기본법〉 제정을 계기로 등장했다. 당시 뉴라이트는 기존 교과서의 역사관을 '자학사관'이라고 비판하면서, 자신들의 논리를 뒷받침하기 위해 2006년 《해방전후사의 재인식 1, 2》를, 2007년에는 《대한민국 이야기: 해방전후사의 재인식 강의》를, 그리고 2008년에는 《대안 교과서 한국 근·현대사》를 출간했다. 이 저작들은 식민지 근대화론, '자랑스러운 대한민국 사관', 자유에 대한 절대적인 가치 부여, 통일 민족주의에 대한 부정적 시각을 공유하고 있는데, 이는 《반일 종족주의》에도 그대로 반복되었다.[1]

　여기에서는 민족주의와 관련된 서술을 중심으로 《반일 종족주의》가 가진 문제점을 검토한다.

민족, 민족주의와 종족, 종족주의 등
개념 사용의 문제점

《반일 종족주의》의 프롤로그에서 저자 이영훈은 종족주의를 거짓말, 물질주의, 샤머니즘과 연결시켜 설명하고 있다. 그는 한국의 "지난 60년간의 정신사"를 "거짓말이 만들어지고 널리 퍼지면서 이윽고 문화가 되어 정치와 사법을 지배"했으며, 거짓말이 집단문화가 되었고, 사회 저변에 "그에 상응하는 집단심성이 장기추세로 흐르고 있다"고 주장한다. 그는 "물질주의 문화는 거짓말에 대해 관대"하기 때문에, 한국의 거짓말 문화를 물질주의라고 주장하면서 이를 샤머니즘과 연결 짓는다. "샤머니즘의 집단은 종족이거나 부족"이며, "종족은 이웃을 악의 종족으로 감각"하며, "객관적 논변이 허용되지 않는 불변의 적대 감정"으로, "여기선 거짓말이 선으로서 장려"되고, "거짓말은 종족을 결속하는 토템으로 역할"을 한다는 것이다. "한국인의 정신문화는 크게 말해 이러한 샤머니즘에 긴박되어 있고 보다 정확하게 표현하여 반일 종족주의라 할 수 있다"(20~21쪽).

《반일 종족주의》의 논지를 고려할 때, 이영훈은 지난 60년 동안 한국의 학문, 특히 '역사학'이 일본 또는 일본의 식민 지배에 대해 '거짓말'을 만들었고, 거짓말에 기초하여 등장한 반일 민족주의가 한국의 집단문화가 되었다고 생각하는 것으로 보인다. 그래서 《반일 종족주의》의 소제목들—"식량을 수탈했다고?", "강제동원'의 신화", "과연 '강제노동', '노예노동'이었나?", "조선인 임금차별의 허구성", "후안무치하고 어리석은 한일회담 결사반대" 등—은 기존의 반일 민족주의를 뒷받침하는 주장들을 비판하는 내용으로 구성되어 있다.

한국의 민족에 대해 이영훈은 "20세기에 들어 한국인 모두가 일제의 억압과 차별을 받으면서 생겨난 새로운 공동체 의식"(246쪽)이라고 주장한다.[2] 이는 민족과 민족주의가 근대에 등장했다는 근대론modernism 또는 도구론instrumentalism의 시각에서 한국의 민족을 규정한 것이다.[3] 한국의 지배적인 시각이 민족의 전근대성을 주장하는 원초론primordialism 또는 영속론perenialism이지만, 근대론적 시각도 한국 학계에서 상당히 많은 지지를 얻었기 때문에, 그의 민족인식이 특별히 오류라고 볼 수는 없다.

그런데 문제는 이영훈이 민족에 대해 '자의적'이고 '비논리적'인 해석을 덧붙였다는 점이다. 먼저 한국 민족에 대한 이영훈의 주장을 살펴보자.

20세기 들어 한국인들이 발견한 민족은 신분성을 갖습니다. 서민적이 아니라 귀족적인 신분성입니다. 그 점에서 한국의 민족은 근세의 서유럽인들이……발견한 자유인의 공동체로서 민족과 상이합니다. 서유럽에서 생겨난 민족은 왕과 귀족의 횡포에 저항하는 자유시민의 공동체였습니다. 그와 달리 한국의 민족은 일반 민서民庶와 분리된, 그 위에 군림하는 독재주의나 전체주의입니다. 그것이 순수 형태로 완성된 것이 다름 아니라 오늘날 북한 세습왕조체제의 김일성 민족입니다.……남한의 민족주의도 이 같은 북한의 동향과 무관하다고 생각하면 큰 오산입니다. 아무래도 같은 민족인지라 남과 북은 장기지속의 심성에서 서로 통하는 모양입니다

(249~250쪽).

여기 나온 주장 중 한국의 민족주의가 서유럽과 다르다는 주장은 수용할 만하지만, 그 차이가 귀족적 신분성에 기인한다는 주장은 필자가 과문한 탓인지 쉽게 이해되지 않는다. 더욱이 그것이 백성과 서민 위에 군림하는 독재주의와 전체주의라는 주장, 그 순수 형태의 완성이 북한의 김일성 민족이라는 주장 역시 받아들이기 쉽지 않다.

이영훈이 이런 식의 '무리한' 주장을 하는 이유는 한국의 반일 민족주의를 비판하려는 의도 때문으로 보인다. 그는 반일을 주장하는 세력, 특히 문재인 정권과 '좌파' 세력을 '친북'으로 낙인찍기 위해 한국 민족의 귀족적 신분성에서 시작하여 독재주의와 전체주의, 김일성 민족, 그리고 남한 민족주의로 연결되는 '반일=친북'이라는 '연쇄 논리'를 '발명'했다. 이는 《반일 종족주의》 곳곳에서 반일과 친북을 연결하는 내용에서도 확인된다.

한편 이영훈은 책의 제목에서 볼 수 있듯이, 민족, 민족주의와 함께 종족, 종족주의라는 '생소한' 용어를 사용한다. 일단 프롤로그, 본문, 에필로그에서 관련 내용을 살펴보자.

한국의 민족주의는 서양에서 발흥한 민족주의와 구분됩니다. 한국의 민족주의는 자유롭고 독립적인 개인이란 범주가 없습니다. 한국의 민족은 그 자체로 하나의 집단이며, 하나의 권위이며, 하나의 신분입니다. 그래서 차라리 종족이라 함이 옳습니다. 이웃 일본을 세세의 원수로 감각하는 적대 감정입니다(21쪽).

한국 민족주의의 저변에는 장기지속의 심성으로서 샤머니즘이 흐르고 있습니다. 문명 이전의, 야만의 상단에 놓인 종족 또는 부족의 종교로서 샤머니즘입니다. 그것이 문명시대 이후에도 길게 이어졌습니다. 그래서 20세기에 성립한 한국의 민족주의는 종족주의의 특질을 강하게 띱니다. 한국의 민족은 자유로운 개인의 공동체와 거리가 멉니다. 한국의 민족주의는 종족주의의 신학이 만들어낸 전체주의 권위이자 폭력입니다. 종족주의 세계는 외부에 대해 폐쇄적이며 이웃에 대해 적대적입니다. 이에 한국의 민족주의는 본질적으로 종족주의입니다(251쪽).

물질주의 사회에서 정치적으로 대립하는 집단 간에는 공유하는 진리나 가치가 없습니다.……한 집단은 그의 물질적 성취를 위해 다른 집단을 배척하고 적대시합니다. 그 집단에서 '자유로운 개인'이란 범주는 존재하지 않습니다. 개인은 집단에 몰아로 포섭되며 집단의 이익과 목표와 지도자를 몰개성으로 수용합니다. 이러한 집단이 '종족'입니다. 이러한 집단을 기초 단위로 한 정치가 곧 '종족주의'입니다. ……한국의 민족주의에는 자유로운 개인이란 범주가 없습니다. 두 이웃 나라를 대하는 태도도 그 미숙한 세계관으로 인하여 현저히 불균형입니다. 그래서 저는 한국의 '민족주의'를 '종족주의'로 고쳐 부름이 옳다고 주장하는 것입니다(388~389쪽).

가능한 한 행간을 살려 정리하면, 그는 우선 한국의 민족과 민족주의를 서양과 비교하여 부정적으로 평가한다. 그 이유는 한국에는 서양에 존재하는 '자유롭고 독립적인 개인'이 존재하지 않기 때문이다. 그 이유는 한국에서 집단은 물질적 성취를 위해 다른 집단을 배척하고 적대시하고, 개인은 이런 집단의 이익과 목표와 지도자를 "몰개성으로 수용"하기 때문이다.

다음으로 이영훈은 한국의 민족을 "차라리 종족이라 함이 옳고", "한국의 민족주의를 종족주의로 고쳐 부름이 옳다"고 주장한다. 그 이유는 한국의 민족주의가 "야만의 상단에 놓인 종족 또는 부족의 종교로서 샤머니즘"이고, "전체주의 권위이자 폭력"이며 "외부에 대해 폐쇄적이며 이웃(곧 일본)에 적대적"이기 때문이다. 특히 "일본을 세세의 원수로 감각하는 적대 감정"이며, "한국의 정치문화가 대외적으로 일본과의 관계에 이르면 더없이 종족주의로 분출된다(388쪽)"는 서술에서 볼 수 있듯이, 그는 한국의 민족과 민족주의가 종족과 종족주의인 이유를 일본을 배척하고 적대시하는 데서 찾고 있다. 그래서 책의 제목이 《반일 종족주의》이다.

그런데 이러한 주장들도 앞에서와 마찬가지로 이해하기 힘든 내용이다. 먼저, 이영훈은 종족 개념을 학계의 일반적인 용법과 전혀 다르게 사용하고 있다. 한국 민족과 민족주의에 대해 부정적 측면을 내세워 종족과 종족주의로 고쳐 불러야 한다고 주장했다. 이는 이 개념들에 대한 학계의 일반적 용법과 전혀 다르다. 민족은 nation의 번역어이고, 종족은 ethnicity의 번역어이다. ethnicity는 맥락에 따라 인종race, 부족tribe, 민족nation, 소수민족minority 등으로 번역되기도 한다. 종족 개념의 일반적인 용례는 세계 여러 지역 출신들로 구성된 미국에서 그 하위 집단을 종족 또는 종족 집단ethnic group으로 부르는 것이다. 미국에 사는 한국계 미국인Korean American이나 중국계 미국인 Chinese American이 종족이라는 개념의 대표적 사례이다.

이영훈의 구분과 달리, 사실 종족과 민족은 인종적 특징과 혈통, 역사, 언어, 종교, 풍습 등을 포함하는 문화적 특징에 따라 범주가 정해진다는 점에서 그 구분이 명확하지 않다. 다만 민족은 정치적 성격을 더 강하게 띤다. "민족은 국가, 영토, 주권으로 이루어지는 정치적 (국가) 경계와 역사, 혈통, 언어, 종교 등 문화적 경계와 일치하는 맥락에서 인지되는 사람들을 의미"하며, 민족주의는 "국가적 단위와 종족적 단위가 일치할 것을 주장하는 이념적 성향"을 말한다. 이에 비해 종족은 반드시 국가에 대한 지배력을 추구하지는 않는다(김광억 외, 《종족과 민족—그 단일과 보편의 신화를 넘어서》, 20~21쪽). 이러한 개념 설명이 '완전'하지는 않지만, 최소한 학계에서 종족은 중립적으로 사용되는 개념이지, 부정적 의미를 담은 개념으로 사용되지는 않는다.

이영훈이 종족과 부족이라는 용어를 사용한 진짜 이유는 "문명 이전의, 야만의 상단에 놓인 종족 또는 부족"(251쪽)이라는 서술과 "원래 영어의 부족tribe이 제국주의 시기 서양 열강들이 식민지의 토착민을 낮추어 부르던 말"(21세기연구회, 《지도로 보는 세계 민족의 역사》, 25쪽)이었다는 사실을 고려하면 알 수 있다. 곧 한국의 민족을 종족 또는 부족이라고 부름으로써 한국인을 "이웃을 불변의 악의 종족으로 적대하는 감정에 사로잡힌 부족, 미개한 집단심성과 정신문화를 갖고 있는 부족으로 단언하기 위해서"였다(강성현, 〈한국 역사수정주의의 현실과 논리: '반일 종족주의 현상'을 중심으로〉, 《황해문화》 105, 137쪽). 따라서 그는 "반일 종족주의 청산을 위한 일대 문화혁명을 추진해가지 않으면 안 된다"고 주장한다(252쪽).

일본 극우세력의
반한 감정에 편승

마지막으로 민족과 관련하여 《반일 종족주의》에서 지적하고 싶은 점은 이영훈이 제기한 새로운 '한국인론'이다. 프롤로그의 제목을 '거짓말의 나라'라고 붙인 후, 다음과 같이 한국인을 부정적으로 기술했다.

> 한국의 거짓말 문화는 국제적으로 널리 잘 알려진 사실입니다. 2014년에만 위증죄로 기소된 사람이 1만 4,000명입니다. 일본에 비해 172배라고 합니다. 인구수를 감안한 1인당 위증죄는 일본의 430배나 됩니다(10쪽).
> 이 나라는 거짓말 천지입니다. 위증죄와 무고죄⋯⋯보험사기⋯⋯정부 지원금 사기⋯⋯민사소송⋯⋯한국인의 숨결엔 거짓말이 배어 있다고 합니다.⋯⋯거짓말에 관대한 타락한 정신문화는 이 나라의 정치와 경제를 혼란과 정체의 늪으로 이끌어 갑니다 (377~378쪽).

이는 '성급한 일반화의 오류'이다. 특정 사회의 범죄는 그 사회의 문화적 성숙도뿐 아니라 사회경제적 환경을 반드시 고려해야 한다. 그러나 이영훈은 한국을 거짓말이 지배하는 사회로 규정하기 위해 이런 기본적인 상식조차 무시했다.

특히 한국이 "거짓말에 관대한 타락한 정신문화의 나라"라는 주장은 20세기 초 일본을 비롯한 많은 제국주의 세력이 자신들의 식민 지배를 정당화하기 위해 '피식민지인론'을 발명했던 사실, 그리고 그 영향을 받아 등장했던 이광수의 '민족개조론'을 연상시킨다.

한국의 반일 민족주의에 문제가 없을 수는 없겠지만, 이런 '악의적인' 한국 비하는 누구에게 도움이 되는 것일까? 이 책은 출간되자마자 바로 일본어로 번역되어 베스트셀러가 되었다고 한다. 이영훈 본인도 일본 TV에 출연하여 《반일 종족주의》의 내용을 열심히 설파하고 있다.[4] 일본에서 이런 일이 벌어지는 이유는 간단하다. 그것이 바로 일본 우익이 원하는 내용이기 때문이다. 한일 간의 관계가 최악을 달리고 있는 현 상황에서 양국의 민족주의를 객관적으로 성찰, 반성하지는 못할망정, 일본 극우세력의 반한 감정에 편승하여 한국의 반일 민족주의를 비판하는 것은 참으로 부도덕한 일이다.

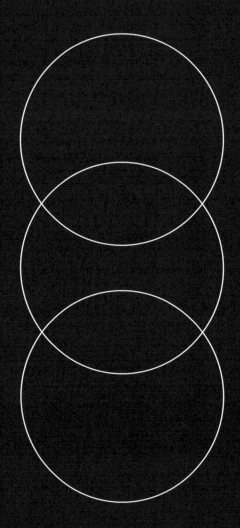

일본제국주의 식민 통치를
어떻게 볼 것인가

홍종욱

민족자결은
문명인가 야만인가

식민 지배의 본질은 주권의 강탈, 제한에 있다. 따라서 피식민자는 자신이 속한 사회에 대한 자기결정권을 상실한 상태에 놓인다. 그러나 제1차 세계대전을 계기로 민족자결 원칙이 대두되었다. 19세기가 제국의 시대라면 20세기는 비식민화decolonization의 세기였다. 19세기적인 식민 지배가 한계에 부딪히면서 1920~30년대 세계적으로 식민지 제국 질서가 동요했다. 제2차 세계대전의 패전국 일본의 식민지였던 한국은 1945년에 해방을 맞이했다. 승전국인 영국이나 프랑스 등의 식민지는 1960년대 이후 본격적으로 독립하였다.

비식민화의 세기를 헤쳐 온 한국 근현대사는 어떻게 설명할 수 있을까. 이영훈은 《한국경제사》에서 한국 근현대사를 해방을 넘어 연속되는 '근대문명 세력' 성장의 역사로 그렸다.[1] '근대문명 세력'은 독립운동가와 친일파 모두를 포괄한다. 대한민국 건국은 이승만으로 상징되는 '근대문명 세력'에 의해 주도되었다는 점에서 높게 평가한다. 그렇다면 집요하리만치 이어진 이승만의 반일 독립운동은 도대체 어떻게 설명할 수 있을까.

《반일 종족주의》에서는 독도에 투영된 한국 사회의 반일 집착을 비판한다. 그러나 오늘날 한국이 독도를 실효 지배하게 된 데는 '이승만 라인' 선포라는 이승만 정부의 과감한 조치가 배경에 존재한다. '근대문명 세력'인 이승만은 왜 일본 어민을 살상하면서까지 독도에 집착했는가. '반일 종족주의' 혹은 '근대문명 세력'이라는 개념은 아무래도 식민 지배와 냉전으로 점철된 한국 근현대사에는 어울리지 않는 틀이 아닐까.

19세기 이래 세계는 국민국가의 시대에 들어섰다. 그러나 모든 민족이 국가를 가지지는 못했다. 오히려 국가를 가진 민족은 제국주의 열강을 비롯한 소수에 불과했다. 국민국가는 일종의 이념이었다. 국민국가 시대를 수놓은 근대역사학의 아버지 랑케는, 민족국가로 표현되는 자기실현의 단계에 이르지 못한 모든 민족과 문명은 유럽 근대사의 진정한 역사적 여명기인 16세기 이전의 원原 역사적 암야와도 같은 형태에 머물러 있다고 보았다. 랑케에게 민족국가 체제의 형성은 만물이 지향해야 할 목표이자 모든 운동이 도달하게 되는 최종 지점이었고, 역사가의 임무는 '민족성의 원리를 재강조'함으로써 야만 상태로 전락하는 것을 막는 것이었다.[2)]

한국 근대역사학의 태두 이병도 역시 나라를 찾은 뒤인 1948년에 출판한 《조선사대관》에서, '헌법을 가져 정치에 일정한 질서'를 갖춘 민족, 즉 국가를 형성한 민족만이 '역사적인 민족'이 될 수 있다고 보았다.[3)] 민족자결은 시대정신이었다. 온갖 민족은 야만에서 벗어나기 위해 주권을 추구했다. 독립운동은 굳이 말하면 '근대문명 세력'이 되고자 한 싸움이었다. 야만에서 벗어나기 위해서는 문명의 폭력에 맞서 몸부림이라도 쳐야 했다. 《반일 종족주의》는 야만에서 벗어나기 위한 몸부림을 야만으로 몰아붙이는 자기모순에 빠져 있다.

비식민화를 끝내 거스른
일본제국주의

제1차 세계대전을 전후한 세계적인 비식민화 흐름은 한국에서는 1919년 3·1운동으로 나타났다. 3·1운동 이후 일본은 《동아일보》, 《조선일보》 등 한글 신문 발행을 허용하고 제한적이나마 정치 활동의 자유를 보장하는 등 이른바 '문화정치'를 실시했다. '문화정치'는 한국인의 거족적인 저항에 놀란 어쩔 수 없는 양보였고, 과정으로서의 비식민화에 대한 한국적 표현이었다.[4]

　1920년 조선총독부는 도·부·읍·면에 관선과 제한선거에 의한 민선을 결합한 자문기관을 두었다. 1920년대 중반 조선총독부는 중앙 레벨의 정치 참여 허용과 지방정치제도 개정을 적극 검토했다. 본국 정부와 교섭에서 전자는 무산되었지만, 지방의회는 1931년부터 의결기관으로 격상되고 정원과 임기가 늘었다.[5] 여전히 선거권과 피선거권에 엄격한 제한이 있었지만 선거 열기는 자못 높았다.

　초기 사회주의운동에 뚜렷한 족적을 남긴 김명식은 1930년대 조선의 현실을 '비식민지화'라는 말로 비판하였다. 지방의회에 대해 "당선된 조선인 의원의 조선에 대한 의식이 다른(일본인-인용자) 의원과 차이가 없는 것은 각 부회 및 읍회를 통해 완전히 입증되었다"면서, "비식민지화에 의해 부르주아지 민권은 보장되고 있다"고 지적했다.[6]

최근 한일 간 갈등의 초점이 된 강제동원 문제에 대해 한국 병합은 합법적이었고 따라서 국가총동원법이나 국민징용령을 일본 국민이었던 한국인에게 적용한 것은 아무런 문제가 없다는 것이 일본 정부의 입장이다. 1960년대 초 한일회담에서도 한국 측은 '강제징용'에 대한 보상을 요구했지만, 일본 측은 "당시 한국인의 법적 지위가 일본인"이었기 때문에 보상은 할 수 없다고 못을 박았다.[7] 그렇다면 과연 식민지 조선인은 일본인과 동일한 권리와 의무를 지닌 국민이었을까.

1928년 일본 본토에서는 25세 이상 남자를 대상으로 보통선거가 실시되었다. 기존 정당은 물론 일본공산당이 합법 무산정당을 조직하여 대응하는 등 일본 열도는 정치열로 뜨거웠다. 한편 일본 정부는 보통선거 실시가 예고된 1925년에 치안유지법을 제정하여 공산주의 운동 탄압에 나섰다. 일본 정치사에서 보통선거와 치안유지법은 이란성 쌍둥이로 평가된다. 치안유지법은 식민지 조선에도 적용되어 공산주의운동뿐만 아니라 민족주의운동까지 탄압 대상으로 삼았다. 그러나 식민지 조선에는 보통선거든 제한선거든 국정 참정권은 주어지지 않았다. 적어도 일본 남성은 제 손으로 뽑은 정치인이 만든 법에 의해 동원되었다면, 한국인의 동원에는 그러한 절차적 정당성은 없었다. 차별은 명확했고 한국인은 권리보다 의무가 앞서는 예속민이었다.

이러한 역사를 일본 사회는 어떻게 기억하고 있을까. 중학교 검정 역사교과서 가운데 가장 널리 사용되는 도쿄서적 판 교과서는 보통선거 실시에 대해 다음과 같이 설명한다. "가토 내각은 1925년, 납세액에 의한 제한을 폐지하고 만 25세 이상 남자에게 선거권을 부여하는 보통선거법을 성립시켰습니다. 이에 따라 유권자는 약 4배로 증가해, 정치에 널리 국민의 의향이 반영될 길이 열렸습니다. 그러나 여성에게는 계속해서 선거권은 부여되지 않았습니다. 또한, 보통선거법과 같은 해에 치안유지법이 제정되어 공산주의에 대한 단속이 강화되었습니다." 본문 오른편에는 "전체 인구에서 유권자가 점하는 비율"이 5.5퍼센트에서 20.1퍼센트로 늘어난 것을 그래프로 표시했다.[8] 식민지 조선에 대한 서술은 없다. 오늘날 일본 정부의 입장을 따르자면 전체 인구에 '일본 국민'인 조선인을 포함시키고, 본문에도 조선에 대한 기술을 넣어야 마땅하다. 예컨대 다음과 같은 문장이 될 것이다. "한편 일본 통치하 조선에서는 보통선거는커녕 일체의 국정 참정권이 주어지지 않은 채 새로이 치안유지법만 적용되어 민족운동을 탄압하는 데 이용되었습니다." 차별을 자행하고 그러한 차별의 존재를 가리는 데 식민주의의 본질이 있다.

조선에는 지방의회 선거만이, 그것도 제한선거로 실시되었을 뿐이었지만, 1939년 실시된 선거에서는 전국적으로 당선자 비율에서 일본인 우위가 무너져 화제가 되었다. 그러자 1943년에는 지방의회 선거가 추천제로 바뀌었다.[9] 지배의 합리성은 지배가 위협받지 않는 에서만 가동된다. 1940년에는 '문화정치'의 상징이라고 할《동아일보》와《조선일보》가 당국의 압력에 의해 폐간되었다. 1942년 '조선어학회' 사건은 일본의 식민 지배가 무단통치로 되돌아갔음을 보여준다.

1943년 연합국 수뇌는 카이로선언에서 "한국 인민의 노예 상태에

유의하여 적절한 시기에 한국에 자유와 독립을 부여하겠다"고 밝혔다. 과정으로서의 비식민화가 좌절된 이후 해방에 이르기까지 수년간 한국인이 놓인 처지는 과연 '노예 상태'라고 불릴 만했다. 물론 순조로운 비식민화 따위는 어디에도 없었다. 패전국인 독일과 이탈리아는 그렇다 치고, 승전국인 영국·프랑스·네덜란드 등은 피식민자가 엄청난 피를 흘리고서야 마지못해 식민지에서 손을 뗐었다. 뿐만 아니라 구 제국주의 열강은 오늘날까지도 식민 지배 책임을 인정하기를 꺼린다.

그런 점에서 한일 간의 청구권협정으로 과거사가 매듭지어졌고 그게 바로 '글로벌 스탠더드'[10]라는《반일 종족주의》의 주장은 일리가 없지 않다. '식민 지배 정당론'은 일본 정부 특유의 것이 아니라 연합국의 주요국인 미국과 영국 등 구 식민지 제국도 공유하는 것이기 때문이다.[11]

그러나 글로벌 스탠더드 역시 역사적 산물이다. 2001년 남아프리카공화국 더반에서 열린 유엔 인종차별 철폐 회의는 과거 노예제도와 식민 지배가 중대한 범죄임을 선언했다. 1995년 일본이 '무라야마 담화'를 발표한 것을 비롯하여, 21세기 들어 영국·프랑스·독일 등이 잇달아 과거 식민 지배 아래 벌어진 인권침해에 대해 사죄의 뜻을 밝히고 있다. 야만적인 것은 피식민자가 아니라 식민자였다는 인식이 비로소 퍼지고 있다. 한일관계는 새로운 글로벌 스탠더드를 만드는 중요한 계기가 될 것이다.

자기 직시와 자기 긍정을 통한
탈식민 필요

《반일 종족주의》에는 귀담아 들어야 할 내용도 있다. 현행 고등학교 한국사 교과서를 보면 다른 시기와 달리 유독 일본 통치기는 반일과 독립을 절대가치로 하여 서술되어 있다. 윤리적인 평가는 가능하고 또 필요하겠지만, 적어도 교과서는 역사적 사실에 기반하여 담담하게 서술될 필요가 있다. 아울러 《반일 종족주의》의 물질주의, 샤머니즘 비판은 한국 사회의 아픈 곳을 정확히 찌른다. 다만 한국 사회를 바라보는 특히 민중을 대하는 《반일 종족주의》의 시각은 흡사 식민자의 시선을 방불케 하는, 위로부터의 눈길이라는 느낌을 지우기 어렵다.

한국인의 전근대적 심성에 대한 절망과 외형적인 근대화 혹은 경제 성장에 대한 칭송은 동전의 양면이다. 이영훈이 쓰는 '근대문명 세력'이라는 말에서 알 수 있듯이, 《반일 종족주의》는 전형적인 계몽주의 문명사관에 서 있다. 이는 '아시아적 생산양식'이라는 개념을 낳은 마르크스주의의 아시아 인식과도 친화적이다. 마르크스의 아시아 인식은 아시아적 정체성에 대한 절망과 자본의 문명화 작용에 대한 기대로 요약할 수 있다. 이영훈은 《한국경제사》에서 고조선에서 오늘날에 이르는 장구한 역사를 '제1시기'에서 '제4시기'까지 구분하고 있는데, 1987년의 글에서는 비슷한 시기구분을 하고 '제1차 아시아적 생산양식', '제2차 아시아적 생산양식' 등의 이름을 붙인 바 있다.[12]

물질주의와 샤머니즘이 뿌리 깊다는 《반일 종족주의》의 설명은 나름 설득력이 있다. 다만 한국 사회에 자리 잡은 부정적인 흐름 가운데 얼마간은 식민주의가 남긴 유산일지 모른다. 자기를 직시하려는 《반일 종족주의》의 시도는 무시할 수 없지만 아울러 자기 긍정도 필요하다. 재일조선인 역사학자 안병태는 "내재적 발전의 시각에 서면서도 '아시아적 특질' 및 '저지적沮止的 요인'을 중시하여 '전소 구조적 파악'의 필요성"을 주장했다.[13] 보편주의에 빠진 자본주의 맹아론을 물리치고 자기 역사를 직시하고자 한 것이다. 그러나 동시에 안병태는 조선인의 저항이 전근대적이었다는 비판에 대해, "조선인이 '유교주의, 유교 원리에 바탕한 경직성'을 주체적으로 극복할 원리와 기회를 가지지 못한 채 일본제국주의에 의해 초래된 거침없는 '경제적 합리주의, 상황 대응적 유연성'에 저항한 결과이기도 하다는 보다 긍정적인 시각은 불가능한 것일까"[14]라고 자기 긍정을 잃지 않았다.

문제는 민중이다. 물질주의와 샤머니즘에 젖은 민중이라도 역사를 만들어갈 주체는 그들밖에 없다. 이는 역사학은 무엇인가라는 정의의 문제다. 민중을 직시하고 또 긍정하지 않으면 안 된다. 화려한 일본의 마츠리祭り는 문명적으로 보이고, 쇠락한 우리네 성황당은 야만적으로 비칠 수 있다. 그러나 자기 사회의 전통을 보편적 가치의 일부로 승화시킬 것인가, 아니면 샤머니즘으로 멸시할 것인가야말로 제국 중심과 식민지를 가르는 지점이었다. 시인 김수영은 사회악에 맞서지 못하고 그저 조그마한 일에 분개하는 비겁한 자신에 분노했지만, 동시에 "전통은 아무리 더러운 전통이라도 좋다"며 이 땅의 '무수無數한 반동反動'을 노래했다. 탈식민은 자기 직시와 자기 긍정을 통해서만 가능하다.

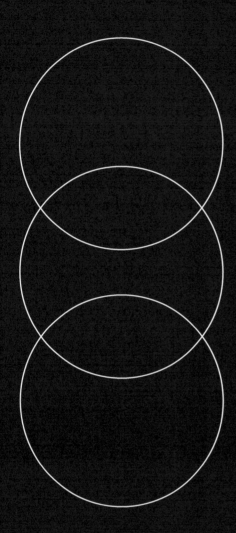

식민지 근대화론의
통계지표의 허구

황상익

'일제의 지배'와 '식민지 근대화론'을 찬양·선전하는, 〈알아서는 안 되는 일제시대의 진실〉(http://yeoksa.blog.fc2.com/)이라는 인터넷 사이트가 있다. 요컨대 이 사이트는 "한국과 한국인들에게 근대문명과 행복을 가져다준 일제 지배의 진실"이 잘못된 학교 교육과 사회 교육 등으로 왜곡되었다고 보고, 이를 바로잡기 위해 만들어진 것이라 주장한다.

'알아서는 안 되는 일제시대의 진실'(2020년 7월 7일 오전 6시 캡처). '학교에서 배우지 않는 일제강점기의 실상'이 부제이다. 이 사이트 안의 '보아서는 안 되는 일제시대의 영상'은 1937년 중일전쟁 발발 직후 조선인들이 전쟁에 사용하라고 집안의 귀중품 등을 '자발적'으로 일제 당국에 갖다 바치는 장면이라는 해설이 붙은 영상으로 언제부터인가 "유튜브 계정이 해지되어 동영상을 더이상 볼 수 없다"고 한다.

이 사이트가 '진실'의 근거로 들고 있는 통계자료들 가운데 맨 앞에 나와 있는 것은 의사 수(1912~1943), 전염병환자 사망률(1919~1943), 수도 급수 호수(1912~1932) 등 보건의료에 관한 자료로, 자신들의 주장을 뒷받침하는 가장 적절하고 중요한 자료이기 때문에 맨 먼저 제시한 것으로 여겨진다.

이 사이트가 제시하고 있는 〈도표 1〉은 1912년부터 1943년까지 조선 전 지역의 의사 수 변화 양상을 보여준다. 조선인 의사는 1912년 72명에서 1943년 2,618명으로 무려 36배나 증가했으며, 일본인 의사는 1912년 353명에서 1937년 1,414명으로 최대치를 보였다가 1943년에는 1,194명으로 약간 줄어들었다. 〈도표 1〉만 보면 일제강점기를 통해 조선인 의사가 크게 증가하여 보건의료 환경이 괄목할

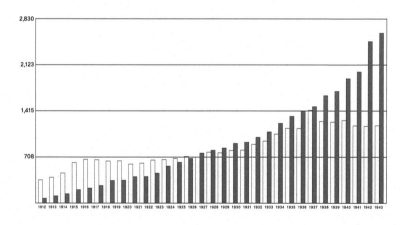

〈도표 1〉 조선 전 지역의 의사 수(1912~1943). 검은색은 조선인 의사 수, 흰색은 일본인 의사 수. 구체적인 수치는 《조선총독부통계연보》(각 연도)나 국가통계 포털에서 확인할 수 있다.

만큼 개선된 것처럼 여겨진다.

조선총독부는 1912년이 아니라 1910년부터 의사 수를 집계하여 《조선총독부통계연보》(이하 《연보》)에 수록했다. 〈도표 1〉에 누락된 1910~11년 치를 포함하여 다시 그래프를 그려보면 〈도표 2〉와 같으며, 1910~12년의 구체적인 수는 그래프 아래에 나타냈다.

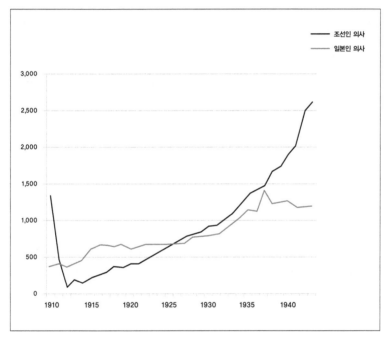

	1910년	1911년	1912년
조선인 의사	1,344	479	72
일본인 의사	368	413	353

〈도표 2〉 조선 전 지역의 의사 수(1910~1943)

1910년 1,344명이던 조선인 의사는 1911년 479명, 1912년 72명으로 급감했다. 어떻게 된 일인가? 오늘날과 같은 국가가 인정하는 '의사 면허제도'가 만들어진 것은 세계적으로도 19세기 후반부터다. 그 이전에는 누구든지 의사로 활동할 수 있었다. 조선시대의 의과시험은 면허시험이 아니라 의사 공무원 채용시험에 해당한다.

높아져만 가는 의료의 문턱

1858년 영국에서 처음 확립된 의사 면허제도는 1860년대 이후 유럽대륙의 여러 나라로 확산되었고, 미국에서는 1910년대 들어서야 비로소 전국적으로 면허제도가 자리 잡았다. 그리고 일본에서는 1874년 〈의제醫制〉 제정으로, 우리나라에서는 대한제국 시기인 1900년 〈의사규칙醫士規則〉을 통해 시행되기 시작했다. 일본과 대한제국은 전통의사와 근대 서양식 의학 교육을 받은 신식의사를 자격 면에서 구분하거나 차별하지 않았고, 명칭도 '의사' 한 가지였다. 다만 메이지 초기부터 근대식 의학을 보건의료 체계의 근본으로 채택한 일본에서는 이후 전통의사의 양성을 철저하게 억제한 결과 해가 갈수록 전통의사 수가 자연 감소하였고, 1920년대에는 완전히 사라졌다. 이것이 현재 남북한(한의사, 고려의사), 타이완·중국(중의사)과 달리 일본에 전통의사가 없는 역사적 연유이다.

일제는 일본 본토와 달리 식민지에서는 전통의사를 구분하고 차별했다. 타이완에서는 1901년 〈타이완의생허가규칙〉, 조선에서는

1913년 〈의생규칙〉을 제정하여 전통의사들을 규율했다. 의사醫師가 아닌 의생醫生이라는 명칭에서부터 짐작할 수 있듯이 일제는 전통의사들을 온전한 의사로 대우하지 않았다. 일본 본토에서는 전통의사들의 반발과 저항을 우려하여 시행치 않았던 정책을 식민지에서는 실시했던 것이다. 그리고 일본 본토에서와 마찬가지로 전통의사(의생)의 양성을 억제하여 자연감소하도록 했다.

그 결과 타이완에서는 1902년 1,903명이던 의생이 1942년에는 97명으로 거의 사라질 지경이 되었다. 조선에서도 〈의생규칙〉이 시행된 1914년 5,827명에서 1943년 3,337명으로 40퍼센트 이상 감소했다. 조선보다 타이완에서 의생 양성을 더 억제했던 것은 후술하듯이 근대식 의사 양성정책과 관련이 있다.

일제는 대한제국 정부가 법령에 의거해 합법적으로 의사 면허를 부여했던 전통의사들의 면허를 1913년 〈의생규칙〉과 새로운 〈의사규칙醫師規則〉을 제정하기 이전에 이미 박탈했다. 법령에 근거하지 않은 초법적·탈법적인 조치였다. 그런 연유로 1910년 1,344명이던 조선인 의사가 1912년에는 72명으로 급감하였다. 조선의 전통의사들은 나라의 상실과 함께 자신들의 의사 자격도 빼앗겼던 것이다.

일제는 전통의사들을 의생으로 격하하는 등 온전한 의사로 대우하지 않았지만, 대부분의 조선인들은 이들 전통의사, 즉 의생에게 건강과 질병 문제의 해결을 의탁할 수밖에 없었다. 근대식 의사는 수도 적었거니와 진료를 받으려면 비용이 많이 들었기 때문에 조선인, 특히 가난한 이들에게는 '그림의 떡'이었다.

따라서 일제강점기의 의사 수와 그 변화를 평가하려면 '의사' 뿐만 아니라 '의생'도 함께 언급해야만 한다. 〈도표 3〉에 보듯이, 일제강점기를 통해 의사 수는 꾸준히 증가했지만, 대부분의 조선인들과는 무관했던 일본인 의사를 합치더라도 의생 수의 감소를 겨우 상쇄할 정도에 그쳤다. 의사와 의생을 합친 수는 일제강점 초기나 말기나 거의 변화가 없었다. 〈도표 1〉과는 사뭇 다른 양상이다.

의사와 의생 수보다 더 의미 있는 것은 인구 대비 비율이다. 의사 1인당 조선인 인구는 일제식 의료인 면허제도가 확립된 1914년 2만 5,692명에서 1943년 6,775명으로 개선되었다. 조선인 의사 1인당 조

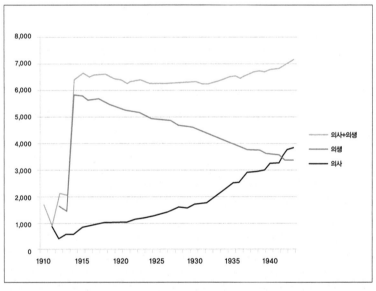

〈도표 3〉 조선 전 지역의 의사 및 의생 수와 합계(1910~1943). 의사 수는 조선인 의사와 일본인 의사를 합한 값. 1914년에 의생 수가 크게 늘어난 까닭은 없던 의생이 새로 생겨났기 때문이 아니라 〈의생규칙〉의 시행으로 의생 면허를 받지 못하면 아예 의료 행위를 할 수 없어서 당국에 신고하여 면허를 부여받았기 때문이다. 일제는 〈의생규칙〉이 제정되기 전인 1912년부터 이미 자의적으로 의생 면허를 부여했다.

선인 인구는 1943년에 9,865명으로 대략 인구 1만 명에 의사 1명이었다. 대부분의 조선인의 삶에 의사는 여전히 '너무 먼 당신'이었다. 참고로 2019년 판 《보건복지통계연보》에 의하면 2018년 현재 한국인 의사 수는 12만 3,173명으로, 의사 1인당 인구는 419명이다.

요컨대 의사 1인당 인구보다 실제로 더 중요한 것은 의사와 의생을 합친 전체 의료인 1인당 인구이다. 〈도표 4〉에 보듯이 그 값은 1914년 2,427명에서 1943년 3,613명으로 훨씬 더 악화되었다. 〈도표 1〉에 보이는 양상과는 정반대로 조선인들의 건강과 질병 문제의 해결에 도움을 줄 의료인은 해가 갈수록 줄어들었고, 의료의 문턱은 오

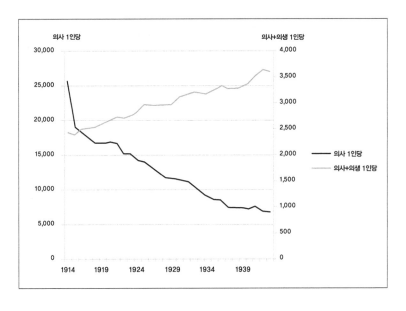

〈도표 4〉 의료인 1인당 인구(1914~1943).
의사 수는 조선인 의사와 일본인 의사를 합한 값.

히려 높아졌던 것이다.

이 점을 일본 및 타이완과 비교하면 문제점이 더욱 뚜렷하게 드러난다. 같은 기간 의사 1인당 인구가 1,200명 내외였던 일본 본토와는 비교할 수 없을 정도이고, 〈도표 5〉에 보듯이 타이완과 비교해도 조선의 의료 상황은 훨씬 열악했다. 전 시기에 걸쳐 의사 1인당 인구는 조선이 타이완에 비해 3배가량 많았다. 더욱 중요한 의사와 의생을 합친 전체 의료인 1인당 인구는 조선의 경우 계속 악화되었던 데에 반해 타이완은 1930년대 들어 개선되었다. 타이완은 의생 수의 감소를 훨씬 능가할 정도로 근대식 의사를 배출했기 때문이다.

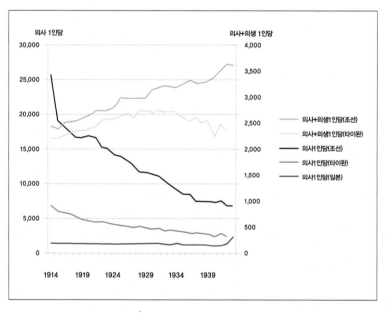

〈도표 5〉 조선, 타이완, 일본의 의료인 1인당 인구(1914~1943). 1940년대 들어 일본의 의사 1인당 인구가 크게 증가한 것은 민간인 의사들이 군의관으로 대거 징발되었기 때문이다.

철저하게 일본인 위주였던
식민지 조선의 관공립 의학교

〈도표 6〉에 보듯 조선과 타이완의 관공립 의학교 졸업생 수를 비교해 보면 조선총독부와 타이완총독부의 의사 양성정책의 차이를 명백히 알 수 있다. 타이완에서는 강점 기간 내내 타이완인 의사 양성을 위주로 하는 정책을 펼쳤던 반면, 조선총독부는 그렇지 않았다. 대한제국 정부가 1899년에 자주적으로 설립하여 운영한 의학교(국립 의과대학)와 광제원(국립병원)을 1907년 강제 통폐합하여 대한의원을 세운 일제는 1915년까지 그곳(1910년 조선총독부의원으로 개칭)에서 조선인 의사들을 양성했다. 1916년 조선총독부는 총독부의원 부속 의학강습소를 경성의학전문학교로 승격시키면서 그전과 달리 일본인 학생들의 입학도 허용했다. 그로써 1920년부터 일본인 졸업생들이 배출되었는데, 갈수록 일본인 비율은 늘어나고 조선인 비율은 감소했다. 총독부의원 부속 의학강습소와 경성의학전문학교는 1911년부터 1945년까지 조선인 졸업생 986명(43퍼센트), 일본인 졸업생 1,319명(57퍼센트)을 배출했다. 일본인 학생이 졸업하기 시작한 1920년 이후로 한정해보면 졸업생 수가 조선인 696명(35퍼센트), 일본인 1,319명(65퍼센트)이며, 1930년 이후는 조선인 322명(25퍼센트), 일본인 990명(75퍼센트)이다.

1926년 설립되어 1930년부터 졸업생을 배출한 경성제국대학 의학부도 철저하게 일본인 학생 위주였다. 경성제국대학 의학부는 1930년부터 1945년까지 조선인 졸업생 311명(29퍼센트), 일본인 졸업생 763명(71퍼센트)을 배출했다.

일제가 1933년 대구와 평양에 설립한 공립(도립) 의학전문학교도 사정은 비슷했다. 1943년까지(1944~45년은 불명) 배출된 졸업생은 조선인 523명(39퍼센트), 일본인 833명(61퍼센트)이다.

1911년부터 1945년까지 관공립 의학교를 졸업한 총수는 조선인 1,820명(38퍼센트), 일본인 2,915명(62퍼센트)이었다. 같은 기간 타이완인 1,661명(74퍼센트), 일본인 598명(26퍼센트)을 배출한 타이완과는 완전히 대조적인 모습을 보인다.

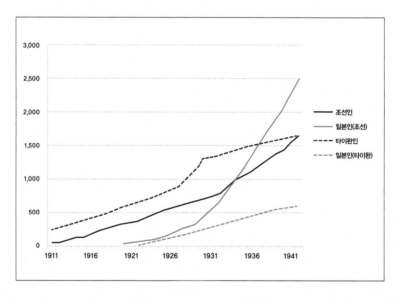

〈도표 6〉 조선과 타이완의 관공립 의학교 졸업생 수 누계(1911~1942). 타이완의 통계치를 확인할 수 있는 1942년까지 표시했다. 1911~1942년의 타이완인 인구는 조선인 인구의 20~25퍼센트에 불과했다. 1942년까지 타이완의 관공립 의학교를 졸업한 타이완인은 1,661명, 조선의 관공립 의학교를 졸업한 조선인은 1,642명이었다. 단순 비교로는 거의 같지만 인구를 감안하면 타이완인 졸업자가 4~5배 많은 것이다.

일제강점기에 식민지 조선 내에서 의사가 될 수 있는 길은 크게 두 가지로, 일본인도 마찬가지였다. 우선 조선총독부가 지정(인정)하는 관·공·사립 의학교를 졸업하면 별도의 면허시험 없이 의사 자격을 취득할 수 있었다. 그리고 총독부가 시행하는 '의사 검정시험'에 합격해도 의사 자격을 인정받았다.

이런 두 가지 경로를 통해 의사가 된 조선인(《도표 7》의 조선인 신규 의사 누계)은 1910년부터 1943년까지 모두 3,319명이다. 세부적으로 보면 조선 내 관·공립 의학교 졸업 1,737명, 사립 의학교(세브란스) 졸업 851명, 검정시험 합격 731명이다. 이 밖에 일본 등에 유학하여 의사가 된 조선인이 300여 명 있다. 한편, 같은 기간 조선 내에서 의사가 된 일본인은 관·공립 의학교 졸업 2,678명, 검정시험 합격 377명으로 모두 3,055명이다.

일제강점기 동안 조선 내에서 새로 의사가 된 인원은 조선인과 일본인이 거의 비슷한데, 총독부에 등록하여 실제로 활동한 '등록 의사' 수(총독부《연보》에 수록된 수)에서는 현격한 차이를 보인다. 조선인 의사는 신규 의사 누계와 등록 의사 수에 큰 차이가 없다. 다시 말해 사망과 노쇠 등으로 활동할 수 없게 된 경우를 제외하고는 면허를 취득한 의사들 대부분이 조선 내에서 의사로 활동을 했다. 반면 일본인 의사는 등록 의사 증가가 신규 의사 증가에 훨씬 미치지 못한다. 더욱이 1937년 이후에는 신규 의사가 급격히 늘어나는 데 반해 등록 의사 수는 오히려 줄어들었다. 그만큼 조선에서 면허를 취득한 일본인 의사 다수가 조선 밖으로 유출되었다는 의미이다.

일제 당국의 의생 억제정책의 결과 의생 수가 빠른 속도로 감소하는 실정에서 조선인 의사 위주의 의사 양성정책이 타당했지만, 조선총독부는 정반대 방향으로 질주했다. 그에 따라 조선인은 날이 갈수록 의사 부족에 시달린 반면, 일본인 의사들은 과포화 상태가 되어 조선 외부로 유출될 수밖에 없는 사정에 처하게 된 것이었다.

이런 점은 일제강점기 때부터 이미 지적되던 일이었다. 예컨대 《동아일보》는 1929년 3월 10일 자에서 "(경성)의전 졸업생 8할은 일

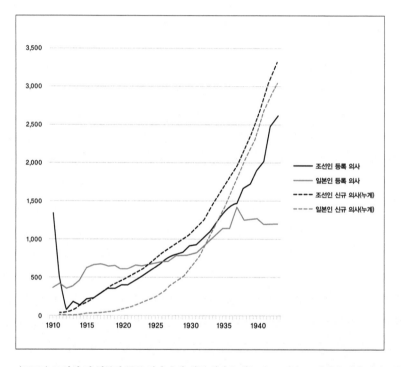

〈도표 7〉 조선인 및 일본인 등록 의사 수와 신규 의사 누계(1910~1943). 조선에서 의사 면허를 취득한 일본인 의사들이 조선 바깥으로 대거 유출되는 양상을 잘 보여준다. 일본인 의사는 과잉 양성하면서 절대적으로 부족한 조선인 의사 양성은 외면한 것이 조선총독부의 의사 수급정책이었다.

본으로 취직"이라는 제목하에 "조선의 돈으로 전문학교를 경영하는 본의" 등 일제의 교육과 의사 양성정책의 허구를 지적했다.

'알아서는 안 되는 일제시대의 진실'이 제시하는 의사 수 그래프만 보면(《도표 1》), 일제와 그 추종자들이 식민지 통치의 가장 큰 성과로 내세우는 보건의료 분야의 근대적 발전이 사실인 양 오인할 수 있다. 하지만 그 그래프가 감추고 있는 이면을 들추어내면 그것이 얼마나 허구적이고 기만적인지를 잘 알 수 있다. 어떤 (통계)자료에 대해서든 겉모습에 가려져 있는 진실을 꿰뚫어보려는 노력을 기울여야 하지만, 필자의 경험으로는 특히 일제의 통계자료들이 그러하다. 이 글에서는 진실 드러내기의 실례 한 가지를 보였을 뿐이다.

《동아일보》 1929년 3월 10일 자. "(경성)의전 졸업생 8할은 일본으로 취직 결정". 일제의 의사 양성정책과 의학 교육의 문제점은 이미 일제강점기 당시부터 지적되고 있었다.

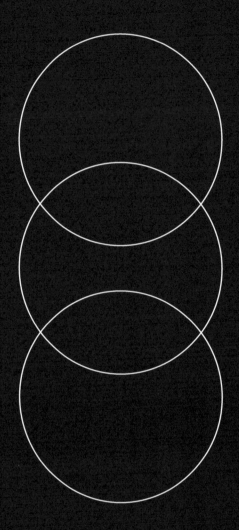

고종, 그리고
일제 강압 속의 조약들

강성은

일본인 연구자의 논지와
비슷한 '고종론'

《반일 종족주의》 필진의 한 사람인 김용삼이 쓴 〈망국의 암주가 개명 군주로 둔갑하다〉, 〈을사오적을 위한 변명〉은 19세기 말부터 20세기 초까지 식민지 위기하에서 고종과 관료들의 대응을 논한 정치사에 해당된다.

김용삼의 논지는 크게 두 가지로 요약할 수 있다. 하나는 '망국의 주요 원인은 고종과 민비의 외교 실패'라는 것이다. 그에 의하면 "청일전쟁을 끝내기 위한 시모노세키 강화조약이 체결된 1895년부터 러일전쟁이 개전된 1904년까지의 10년은 조선의 입장에서 보면 국가 개혁을 통해 근대국가로 발돋움할 수 있는 마지막 기회"였다. 따라서 "스스로 난세를 돌파할 능력이 없는 나라는 줄이라도 잘 서야 생존이 담보되는 법이고 이것이 외교 및 동맹의 기본 원칙"인데도 불구하고 "고종과 민비는 세계사의 패권세력(주류세력, 즉 영국)이 아닌 패권에 도전하는 세력—비주류 세력, 즉 러시아—과 집요하게 동맹을 맺으려고 시도하다가 대세를 그르쳤다"고 한다. 결론적으로 "고종은 암주였다"고 단언하면서 "일부 학자들은 고종을 개명군주라고 미화하는데 이는 손바닥으로 하늘을 가리는 행위"라고 하였다.

또 하나의 주장은, 을사조약의 체결은 당시 황제였던 고종의 결정이었기 때문에 그 책임을 이완용과 '을사오적'에게 돌리는 것은 옳지 않다는 것이다. 김용삼은 당시 대한제국은 "황제의 전제권이 강화되어 모든 정사가 황제 중심으로 진행되고 있었다"면서 이토 히로부미가 고종에게 조약 체결을 강요했을 때 교섭을 "내각에 떠넘기고 조약문 수정을 지시하는 등 기회주의로 일관한 행동을 하였다"고 주장한다. 또한 조약 체결 직후 고종은 이토 특사에게 위로의 칙어를 내렸다고도 주장한다. 그는 이것이 주요 사료들을 통해 정밀하게 복기한 을사조약 체결의 경과라고 한다.

과연 그럴까? 필자가 보기에는 사실 그의 논지는 일본의 조선근대사 연구자인 하라다 다마키原田環의 것과 거의 비슷하다. 하라다는 을사오조약의 법적 평가 논쟁에서 '합법론'을 주장하는 대표적인 연구자 중 한 사람이다. 그는 주로 일본 측 사료〈한국특파대사 이토 히로부미 복명서〉(이하〈복명서〉)와 한국 측 사료인 이른바〈오대신상소문五大臣上疏文〉의 분석을 통해서 고종의 '협상 지시·재가설'을 주장하였다.

하라다의 논지는 세 가지다. 첫째, 솔선해서 제2차 한일협약의 체결을 주동한 고종이 조약 체결 후에는 일변하여 조약 반대운동을 선동하였다. 고종은 유리한 내용으로 체결하기 위하여 내각에 교섭·타협을 지시하였고, 17일의 어전회의에서 나온 네 곳의 수정안을 이토가 접수했기 때문에 고종이 재가하여 조약이 체결되었다. 그러나 조약 체결 후 고종은 태도를 일변하여 조약 반대운동을 선동하는 이중적인 태도를 취하였다. 둘째로, 고종의 이중적인 태도는 황제의 이해가 국가의 이해에 직결하는 대한제국의 정치체제의 반영이었다. 대한제국은 군주 독재국가이고 국가는 황제의 가산家産이었다. 셋째로, 조약 반대 상소를 올린 정계의 원로들과 그를 받아들이지 않는 고종 사이에서 대립이 뚜렷해졌다.

김용삼은 이처럼 하라다의 논지를 간략화하고 자기 주장인 것처럼 위장하고 있다. 그런데 하라다의 견해는 이미 학계에서 부정되고 있다.

무엇이 잘못되었나

자의적인 사료 해석

하라다가 의거한 일본 측 사료 〈복명서〉(을사오조약 조인의 전말을 기록해 천황에게 올린 보고서)와 같은 공문서 사료는 권력 측의 의도가 농후하게 반영되기 때문에 상당히 신중하게 취급해야 한다. 일본의 경우 사료의 위조, 은폐가 일찍부터 지적되어왔다. 공문서 사료를 쓸 경우 그 초안과 비교하는 것이 사료 비판에서 필요불가결하다. 을사오조약 연구에서 그때까지 〈복명서〉 초안에 대한 연구는 없었으나 필자가 일본 국회도서관 헌정자료실에 소장된 〈즈츠키 게이로쿠都筑馨六 관계 문서〉 속에 남아 있던 초안의 일부를 발견하고 2005년의 졸저 《1905년 한국보호조약과 식민지 지배 책임》에서 상세하게 소개한 바 있다.

초안에는 수정한 흔적이 남아 있어 수정안이 정식 공문서로 되었다는 것을 알 수 있다. 초안과 수정안을 비교하면 세 가지를 지적할 수 있다. 첫째, 초안에는 고종 황제가 보호조약에 동의하지 않는다는 부분을 동의했다고 고쳐 썼다. 둘째, 황제가 대한제국 정부에 대해 일본 정부의 제안에 타협할 것을 지시했다는 내용을 가필했다. 셋째, '회합 담판', '협의'라는 자구字句를 정식 교섭의 성격이 보다 농후한 '협상'으로 수정했다.

하라다가 의거한 한국 측 사료인 이른바 〈오대신상소문〉(《고종실록》 1905년 12월 16일 조)은 '을사오적'으로 지탄 받고 있는 5명의 대신들이 1905년 12월 16일에 제출한 조약 체결의 전말을 쓴 연명 상소문이다. 여기에는 황제가 제 대신들의 조약안 거부의 상주를 받아들이지 않고 계속 교섭할 것을 요구하고 조약안의 수정으로 '협상, 타협'을 지시했음에도 불구하고 자기들만이 '오적'이라고 지탄받는 데에 대한 불만과 변명이 씌어 있다. 하라다는 이 사료에 기초해서 고종이 협약 체결을 주동하고 주체적으로 관여했다고 주장한다.

그러나 〈오대신상소문〉은 엄밀한 사료 비판이 필요하다. 첫째, 〈오대신상소문〉은 사실을 왜곡했을 가능성이 있다. 당시의 주한일본공사 하야시 곤스케林權助는 이 상소문을 사전에 보고 "변망적인 상소"이고 "다소 분식하고 있다"고 말했다. 하야시는 "신협약이 우리 측의 압박에 의하여 이루어진 것이 아니라는 것을 일반에게 알리는 데 유리하다"고 판단하여 일본공사관의 어용신문 《대한일보》나 《오사카마이니치신문》에 〈오대신상소문〉을 게재하도록 했다.

둘째, 〈오대신상소문〉과 관련된 사료를 검토하는 것이다. 〈전주사 오병서등소前主事吳炳序等疏〉(《고종실록》 1906년 1월 5일 조)는 〈오대신상소문〉을 비판한 상소이다. 여기에는 다섯 대신이 교묘하게 술책을 써서 그들의 수정안에 황제가 대답을 하지 않을 수 없게 함으로써 책임을 황제에게 씌우려고 했다고 지적하고 있다. 만일 고종이 '교섭'을 말했다고 해도 그 의도는 '일이 잘 되도록 협상하고 결과가 좋도록 조처하라는 것'이라고 한다. 고종은 이 상소문에 비답하고 "당신들의 말은 상세하고 명백하고 조리가 있다"고 긍정적으로 평가했다. 〈농상공부대신권중현소農商工部大臣權重顯疏〉(1905년 11월 25일 조)는 다섯 대신의 한 사람인 농상공부대신 권중현이 〈오대신상소문〉의 제출 이전에 조인의 전말을 밝힌 것이다. 여기서는 을사오조약이 정해진 조약 수속을 밟지 않았다거나 황제의 재가를 받지 않고 조인되었다고 기록되어 있다. 이것은 후에 제출된 〈오대신상소문〉과는 전혀 다른 내용이다. 또한 〈송병준상소宋秉畯上疏〉(1906년 1월 18일 조)에도 "나라에는 법이 있는데 적신들은 독단으로 조약을 체결하였기 때문에 그 죄는 극도에 달하였다. 그들이 변명하는 상소문의 말은 주저 없이 군주를 강박하였다"고 씌어 있다.

원로·관리·유생들의 상소문

《고종실록》에 수록된 원로·관리·유생들의 조약 비판 상소문은 1905년 11월 18일부터 이듬해 6월 17일까지 73건에 달한다. 상소문의 내용은 두 가지다. 첫째는 조약의 무효와 그 근거에 대해 체계적으로 지적하고 있는 것이다. 둘째는 매국 대신인 '오적'을 속히 처단하고 각국의 공사·영사들에게 조약 무효를 통고할 것을 고종에게 제안하고 있다.

그러나 '오적'이 아무런 처분도 받지 않고 대신의 지위에 그대로 있자 황제에게 항의하는 논조가 점차 높아졌다. 당시 고종은 일본군에 의해 감금된 상태였고, 모든 일에 일본이 개입하고 정부 대신도 일본의 지휘 아래 있었다. 이러한 상태에서 '오적' 처단을 요구하는 상소에 응하지 못하고 있었다. 각계 각층 사람들이 여러 형태로 무효화 투쟁을 전개하고 있었으나 고종은 국가 원수로서 목숨을 걸고서라도 민중과 함께 걸어가려고 하지 않았다. 그렇게 하지 못한 것은 고종의 한계이기는 하나 동시에 그에 대한 일본 측의 압력 때문인 점도 있었다. 〈법부주사안병찬소法部主事安秉瓚疏〉(1905년 11월 25일 조)에도 "신도 폐하가 이들이(오적) 충실하다고 생각하고 있는 것이 아니라 그들이 끼고 있는 위세가 두려워서 그 죄를 갚지 못하는 것을 잘 알고 있다"고 이해하는 경향도 있었다.

하라다는 '오적'을 처단하지 않는 고종을 비판하는 상소문을 확대 해석해서 "'천하는 공公의 것'이라고 하여 황제 고종의 전제 지배를 비판하고 있다. 제2차 한일협약의 체결을 조선의 규범을 무시한 황제 고종의 독단적 행위라고 지탄하고 있다"고 했다. 상소문은 조약의 불법성, 오적의 처단을 기본적인 내용으로 하고 있음에도 불구하고 하라다가 오적을 치지 않는 데 대한 비판만을 과장하고 조약에 찬성하는 고종과 조약에 반대하는 원로라는 대결 구도로 묘사하는 것은 사실에 부합하지 않는 자의적인 해석이다.

고종 황제의 재가 유무

현재 고종의 6건의 비밀 외교문서가 알려져 있다. 국제사회를 향한 이 문서에서 고종은 조약을 재가하지 않았다고 호소했는데 이것이 사실에 기초하고 있다는 것은 고종이 조약에 어인御印을 찍지 않았다는 것으로도 알 수 있다. 헤이그 밀사사건 직후인 1907년 7월 17일 이완용 내각의 각의에서 "당면의 곤란을 면하는 방책"의 하나로서 광무 9년 11월 17일의 신협약에 어새를 찍는 것을 결정하고 상주했으나 고종은 이를 거절하였다. 그리고 1906년 8월 28일의 주일 러시아 공사 보고서에는 고종이 "일본의 몇 차례 요구에도 불구하고 조약을 확정하지 않고 서명도 하지 않았다"고 했으며 8월 15일의 주일 러시아 영사 보고서에도 고종이 의연히 조약 서명을 거절하고 있다고 씌어 있다. 을사오조약의 강제 조인부터 1년 8개월이 지난 이 시점에 이르러서도 이토 통감이 이완용 내각에 지시하여 재가서에 서명·날인을 강요한 것은 이것이 조약상의 하자에 해당된다는 것을 잘 알고 있었기 때문이다.

대한제국의 성격

1960년대 말 이후 한국에서의 '광무개혁' 논쟁을 계기로 조선의 근대 국민국가 형성과 왕권의 문제가 논해졌다. 대한제국 정권의 광무개혁은 '구본신참'의 입장에서 황제권의 강화를 기초로 하여 자강을 시도했다는 데에는 학계에서 이론이 거의 없다. 그러나 입헌군주제를 지향한 갑오개혁보다도 왕권이 강화되었다는 점, 일본의 제국헌법에 있는 삼권분리나 국민의 권리규정이 〈대한국국제〉에 없는 점 등 왕권의 성격을 둘러싸고 입헌군주제 구상인가, 전제군주제 구상인가

하는 차이가 있다.

하라다는 조약 체결의 추진과 반대라는 상충되는 고종의 활동 근저에는 황제의 이해가 국가의 이익에 직결하는 〈대한국국제〉하의 대한제국의 현실, 즉 당시의 한국은 군주독재이고 국가는 황제의 가산이었다고 한다.

하라다의 이해에는 문제가 있다. 첫째는 〈대한국국제〉에는 황제는 전제정치의 이름 아래서 군주 주권을 명기하고 있으나 그 하위법에서는 황제의 권력을 법에서 제약하고 있고 군주의 권력은 절대적이지 않고 일정하게 제약되고 있었다는 것이다. 특히 외국과의 조약 체결에 관해서는 의정부와 중추원의 심사를 요하는 국내법이 확립되어 있었고 그의 동의 없이 조약 체결은 실현 불가능했다.

둘째, 하라다의 대한제국에 대한 이해는 국민국가론─엄밀하게는 국민국가 비판론─의 입장에서 서유럽이나 일본 등의 근대화 모델을 기준으로 조선 근대정치사를 파악하려는 것이다. 일본을 모방한 국민국가화가 조선에서도 시도되었으나 좌절되었다는 전제하에 문명화라는 과제가 식민지에 미뤄졌다고 내다보고 식민지 근대화론에 연결하려고 한 것이다. 이러한 국민국가론은 국가나 민족의 전통을 무시하는 것이며 유교적 민본주의가 원리로 살아있었던 조선에서는 일본적인 국민국가와는 다른 유교적인 근대국가를 지향하고 있었던 것이다.

여기서 유의해야 할 점은 조선에서의 근대국가 형성과정에 외국세력이 개입하고 일부 관료와 결탁하여 왕권에 대한 위협과 제약을 가하였기 때문에 개화파 관료들이 주도한 갑신정변, 갑오개혁이 광범한 국민적 지지를 얻지 못하였던 것이다. 또한 왕권 집중을 둘러싸고 정부 내에서 충돌이 거듭되고 국가기구가 약체화되는 속에서 고종은 측근의 근황세력에 의거해서 궁내부가 주동하는 개혁을 추진해 나간 것이다. 이러한 특수한 사정을 고려하면 대한제국의 성격을 황제권을 중심으로 절대주의적인 근대국가를 구상했다는 점에서 전제군주제가 근대적으로 변용한 정권, 국민국가로의 과도기에 해당하는 정권이었다고 볼 수 있다.

이상설은 "황제가 인준을 해도 나라가 망하고 인준을 하지 않아도 망하니 인준을 거부하고 사직을 위하여 순사殉死할 것과 을사오적을 처단하고 조약을 파기하라"는 상소를 올렸다. 그러나 고종은 이상설의 상소처럼 처신하지 않았고 각계 각층 사람들의 조약 무효화 투쟁 요구를 외면하였다. 그러나 고종은 조약 체결을 반대하여 재가하지 않았고 외국을 향하여 비밀외교를 추진하였다. 이것이 우유부단하고 양면성을 띤 고종의 모습이자 한계였다고 생각한다.

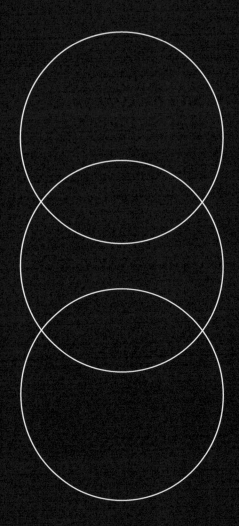

대법원 '강제동원 판결' 공격은
문제투성이

김창록

그들의 '주적', 대법원 강제동원 판결

일본 우익이 그렇듯이 《반일 종족주의》의 주된 공격 대상은 일본군 '위안부'와 강제동원이다. 그중 강제동원에 관해서는 2018년 10월 30일의 대법원 강제동원 판결[1]에 대한 비난이 핵심이다.

널리 알려진 것처럼, 그 판결이 나온 직후부터 아베 신조安倍晋三의 일본은 '국제법 위반이다', '약속을 지키지 않는 나라다', '나라의 자격이 없다' 등등 온갖 히스테리컬한 저주를 쏟아냈다. 2019년 7, 8월에는 두 차례에 걸친 '통상 공격'까지 감행했다. 일본의 우익은 물론이고 대부분의 일본 언론도 같은 목소리를 냈다.

《반일 종족주의》의 논조도 그것과 다르지 않다. "이건 거짓말이야"(16쪽)[2]라고 부르짖으며 책의 첫머리부터 장식한 '거짓말 타령'을 추가한 것이 거의 유일하게 신선한 점이다.

사실 뒤틀기

이영훈은 "(대법원 판결의) 기본적 사실관계'는 사실이 아니다, 아니거짓말일 가능성이 크다"[3]라고 단언한다. 강제동원 희생자인 원고들의 피해를 극히 자의적으로 "돈을 돌려주지 않'은 것으로 축소하고서, 그 책임은 일본 기업이 아니라 "조선인이었을 가능성"이 큰 "사감"에게있다고 우긴다. 그런데도 "어릴 적부터 거짓말의 교육을 받'은 한국의대법관들이 "거짓말의 재판"을 했다고 목소리를 높인다(16~18쪽).

이우연도 대법원 판결이 "명백한 역사 왜곡에 근거한 황당한 판결"이라고 목소리를 높인다(69쪽). 일본의 탄광에서 "작업상의 또는작업 배치상의 민족차별"은 없었고(84쪽), "조선인 임금차별"은 "허구"라고 주장한다(88쪽). 그러면서도 이우연은 "가장 위험한 작업을 맡은조선인들의 비율은 일본인보다 2배나 높았고, 조선인의 사망률이 일본인의 2배에 가깝다"(85~86쪽), 조선인들은 탄광에서 "도망했'다라고도 적고 있다(70쪽).

위에서 정리한 내용만으로도 '이영훈들'의 공격이 근거는 박약하고 주장은 과도하며 결론은 비약이라는 사실을 확인할 수 있지만, 대법원 판결 공격과 관련하여 중요한 것은 그들이 판결에서 인정한 원고들의 구체적인 피해 사실에 대해 아무런 반증도 제시하지 않고 있다는 점이다. 원고들은 자신이 당한 피해를 구체적으로 제시했다. 그것을 공격하려면 구체적인 반증을 대며 논박하지 않으면 안 된다. 그런데도 '이영훈들'은 허술한 주장으로 변죽만 울리고 있을 뿐이다. 공격의 유일한 직접 근거는 원고들의 주장이 "거짓말일 가능성이 크다"

라는 이영훈의 "소견"(18쪽)뿐이다. 따라서 '이영훈들'의 공격은 애당초 표적을 벗어난 것일 뿐만 아니라, 참으로 어렵게 강제동원 피해의 아픈 경험을 되새겨낸 원고들에 대한 명백한 모욕이다.

보다 중요한 것은 피고 일본 기업이 사실관계를 전혀 다투지 않았다는 점이다. 관련 자료를 가지고 있을 가능성이 큰 일본 기업이 원고들의 주장에 대해 유효하게 반박을 하며 다투었다면 불법행위 자체가 인정되지 않을 수도 있었다. 그런데도 일본 기업은 그 중요한 소송전략을 구사하지 않은 채 일절 다투지 않았다. 왜일까? 불법행위가 있었다는 사실 자체를 부정하기는 어려웠기 때문이라고 볼 수밖에 없다. 실제로 원고들 중 2명이 일본에서 제기한 소송의 항소심 판결[4]에서 이미 일본 기업의 가해가 "강제노동에 해당하며 위법이라고 하지 않을 수 없다"라고 인정되었다.

이렇게 원고는 피해를 주장하는데 피고는 반박을 하지 않으니 법원은 그것을 사실로 인정한 것이다. 그런데도 이영훈은 왜 "전공자를 불러 참고 증언을 청취"하지 않았느냐라고 딴죽을 건다(18쪽). 전문가 증언은 다툼이 있을 때 듣는 것이다.

참으로 기괴한 일이다. 당사자인 일본 기업도, 일본의 재판소조차도 사실로 인정하는 것을 '이영훈들'이 나서서 사실이 아니라고 우긴다. 도대체 왜 이러는가?

존재하지도 않는 〈청구권협정〉 조문 인용

대법원 판결은 1965년에 체결된 〈청구권협정〉[5]에 관한 아래와 같은 판단에 따라, 원고들의 '위자료' 청구권이 여전히 남아 있고, 따라서 피고는 손해배상을 해야 한다고 판시했다.

청구권협정은 일본의 불법적 식민 지배에 대한 배상을 청구하기 위한 협상이 아니라 기본적으로 샌프란시스코 조약 제4조에 근거하여 한일 양국 간의 재정적·민사적 채권·채무관계를 정치적 합의에 의하여 해결하기 위한 것이므로, 일본 정부의 한반도에 대한 불법적인 식민 지배 및 침략전쟁의 수행과 직결된 일본 기업의 반인도적인 불법행위를 전제로 하는 강제동원 피해자의 일본 기업에 대한 위자료 청구권은 청구권협정의 적용 대상에 포함된다고 볼 수 없다.

그런데 주익종은 이 판단이 "틀렸"다고 주장한다. 논거는 두 가지다. 첫 번째 논거는, "애당초 한국 측이 청구할 게 별로 없었"다는 것이다. 주익종은, "한국이 식민지 피해에 대한 배상을 주장할 수 있었다면, 큰 금액을 청구할 수도 있었을 것"이지만, "국제법, 국제관계에 식민 지배 피해에 대한 배상 같은 건 없었기" 때문에, "한국이 배상받으려고 해도 그렇게 할 수 없었"(115쪽)다라고 주장한다. 또 샌프란시스코 조약[6]에 의해 "한국은 과거에 일본의 일부였다가 이제 일본에서 분리되었으므로 양국 국가와 국민 간에 재산 및 청구권을 상호 정리하게 되었"기 때문이라고 주장한다(117쪽).

하지만, "국제법, 국제관계에 식민 지배 피해에 대한 배상 같은 건 없었"던 것이 아니라, 식민지 지배 배상에 관한 구체적인 법이 확립되어 있지 않았을 뿐이다. 그런 경우에는 인류사회와 늘 함께해온 '잘못에 대해서는 책임을 져야 한다'라는 기본 원리가 법이다. 또한 "한국이 배상 받으려고 해도 그렇게 할 수 없었"던 것은 법이 배상을 받을 수 없다고 되어 있었기 때문이 아니라, 당시의 정세에서 현실적 제약으로 인해 식민지 지배 책임을 묻기 어려웠기 때문이다. 요컨대 1965년 당시의 한국은, 법이 아니라 현실적 제약 때문에, 식민지 지배 책임을 옳게 묻지 못한 채 남겨둔 것이다.

그 현실적 제약의 하나는 상대인 일본이 식민지 지배 책임을 완강하게 부인했다는 것이다. 계약이 그렇듯이 조약은 상대가 있는 것이다. 상대가 책임을 부인하고 그것을 강제할 수 없는 상황에서 조약을 체결해야 하는 경우에는 차선을 택할 수밖에 없다. 그래서 범위를 한정해서 해결을 하기로 한 것이다. 그 범위가 "영토의 분리·분할에서 오는 재정상 및 민사상의 청구권"이다. 1965년 당시에 한일 양국 정부 모두 그 범위에서 해결이 이루어졌다고 확인했다. 그러니 결국 식민지 지배 책임 문제는 〈청구권협정〉의 대상이 아니었고, 〈청구권협정〉에 의해 해결된 적이 없는 것이다. 그 점에 관해 한국 정부는 〈청구권협정〉은 "일제의 36년간 식민지적 통치의 대가"에 대한 것이 아니라고 명확하게 밝혔다.[7] 일본 정부로서는 식민지 지배 책임 자체를 부정했기 때문에 식민지 지배 책임이 〈청구권협정〉의 대상이 아닌 것은 더 말할 것도 없다.

현실적 제약의 다른 하나는 '샌프란시스코 체제'이다. 주익종이 지적하듯이, 샌프란시스코 조약 제2조에서는 한반도가 일본에서 분리된 것으로 처리되었고, 제4조에서는 그 분리와 관련된 "재산" 및 "청구권"에 관한 문제를 특별협정의 주제로 하는 것으로 처리되었다. 그리고 한국은 미국의 강한 영향 아래 사실상 그 조약의 범위 내에서 〈청구권협정〉을 체결했다.[8] 하지만 샌프란시스코 조약은 연합국과 일본 사이의 "전쟁 상태"에 관한 문제를 해결하기 위한 것이었을 뿐, 식민지 지배 배상에 관한 것이 아니었다. 샌프란시스코 조약 어디에도 식민지 지배 책임에 관한 내용은 없으며, 당연히 식민지 지배 배상을 받을 수 없다는 내용도 없다. 따라서 〈청구권협정〉이 샌프란시스코 조약의 영향 아래 체결되었다는 것은 식민지 지배 책임 문제가 〈청구권협정〉의 대상이 아니었다는 사실을 입증해주는 것일 뿐이다.

주익종의 두 번째 논거는 "한일협정으로 일체의 청구권이 완전히 정리"(115쪽)되었는데 한국 대법원이 그것을 뒤집었다는 것이다. 주익종은 〈청구권협정〉 "제2조 제3항에는 "향후 한일 양국과 그 국민은 어떤 청구권 주장도 할 수 없다"고 명백히 규정되었다"라고 주장한다. 또 1965년의 《대한민국과 일본국 간의 조약 및 협정 해설》 등을 통해 "한국 정부는 이 협정으로 개인청구권이 소멸했음을 여러 차례 밝혔다"(124쪽)라고 주장한다.

하지만 〈청구권협정〉 제2조 제3항에는 "향후 한일 양국과 그 국민은 어떤 청구권 주장도 할 수 없다"라고 규정되어 있지 않다. 주익종은 따옴표를 붙여 직접 인용을 한 듯이 적고 있지만, 그런 조문은 애당초 존재하지 않는다. 〈청구권협정〉 제2조 제3항은 아래와 같다.

2[항]의 규정에 따르는 것을 조건으로 하여 일방 체약국 및 그 국민의 재산, 권리 및 이익으로서 본 협정의 서명일에 타방 체약국의 관할하에 있는 것에 대한 조치와 일방 체약국 및 그 국민의 타방 체약국 및 그 국민에 대한 모든 청구권으로서 동일자 이전에 발생한 사유에 기인하는 것에 관하여는 어떠한 주장도 할 수 없는 것으로 한다.

위의 조문에는 주어가 없다. 하지만 문맥상 제2조 제1항의 주어인 "양 체약국"이 제3항의 주어라고 보아야 한다. 따라서 〈청구권협정〉에 '한국 국민이 어떤 청구권 주장도 할 수 없다'라고 규정되어 있다는 주익종의 주장은 사실이 아닌 것이다.

다음으로 《대한민국과 일본국 간의 조약 및 협정 해설》에 "피징용자의 미수금 및 보상금, 은급 등에 관한 청구"가 "완전히 그리고 최종적으로 소멸"되었다라고 기재되어 있는 것은 사실이다.[9] 하지만 그 '소멸'의 의미는 반드시 명확하지 않으며, 이후의 논의과정에서 그것이 '개인의 청구권은 〈청구권협정〉 자체에 의해 소멸된 것은 아니며, 단지 그에 관한 국가의 외교보호권만이 해결된 것이다'라는 의미임이 한국 정부는 물론이고 일본 정부 및 일본 최고재판소에 의해서도 확인되었다. 따라서 개인의 청구권은 소멸하지 않은 것이다.

'위자료' 청구권은 〈청구권협정〉의 대상이 아니다

보다 중요한 것은 대법원 판결사건에 관한 한 애당초 개인청구권의 소멸 여부를 따질 필요도 없다는 사실이다. 대법원 판결은 강제동원 피해에 대한 원고들의 '위자료' 청구권이 애당초 〈청구권협정〉의 대상이 아니라고 판시했다. 따라서 원고들의 청구권은 〈청구권협정〉과 관련이 없는 것이므로, 그것이 〈청구권협정〉에 의해 소멸되었느냐에 관한 논의는 애당초 필요가 없는 것이다.

이에 관해 주익종은 "대법원의 판단과 달리 청구권협정에서는 징용 노무자의 정신적 피해 문제가 다루어졌"다, "장면 정부 때인 제5차 회담에서 한국 측은 '일본이 다른 나라 국민을 강제로 징용하고 정신적·육체적으로 고통을 준 데 대하여 정당한 보상을 하라'고 요구한 바 있"(125쪽)다라고 주장하기도 한다. 이 사실에 대해서는 대법원 판결이 이미 짚고 있다. 즉, 그 "발언 내용은 대한민국이나 일본의 공식 견해가 아니라 구체적인 교섭과정에서 교섭 담당자가 한 말에 불과하고, 13년에 걸친 교섭과정에서 일관되게 주장되었던 내용도 아니[며]……협상에서 유리한 지위를 점하려는 목적에서 비롯된 발언에 불과"한 것이므로 〈청구권협정〉에 대한 해석에서 특별히 고려할 필요가 없는 것이다.

게다가 주익종도 인정하듯이, 한국 측의 그런 주장에 대해 일본 측은 "거부"했고, 그 결과 "징용 노무자의 정신적 피해 보상 문제가 청구권 회담 때 논의되었으나 반영되지 못한 채 협정이 맺어졌"(126쪽)다. 바로 그래서 해결된 적이 없는 것이다.

결론적으로 주익종은 "한일협정을 폐기하지 않는 한, 한국이 무언가 못 받은 게 있으므로 일본은 더 내놓아야 한다고 주장할 수 없"다, "한국인은 1965년 청구권협정으로 일본과의 과거사가 매듭지어졌음을, 과거사가 청산되었음을 인정해야" 한다, "이게 글로벌 스탠더드" (126~127쪽)라고 주장한다.

하지만 〈청구권협정〉은 그 대상 범위 안에서만 효력을 가진다. 〈청구권협정〉으로 매듭지은 "과거사"는 그 범위에 한정된다. 그 대상이 아니었던 부분에 대해서는 당연히 주장할 수 있는 것이다. 주익종도 인정하듯이 식민지 지배 책임은 그 대상이 아니었다. 따라서 당연히 피해자는 주장할 수 있고 법원은 인정할 수 있다. 대법원 판결은 〈청구권협정〉을 뒤집은 것이 아니라, 〈청구권협정〉을 전제로 해서 그에 대한 해석을 한 것이다. 판결의 맨 첫부분에 명확하게 제시되어 있는 것처럼, 그 해석은 〈조약법에 관한 비엔나협약〉[10]의 조약 해석 기준이라는 "글로벌 스탠더드"에 따른 것이다.

핵심은 식민지 지배 책임이다

《반일 종족주의》의 대법원 판결 때리기는 사실의 면에서도, 법적 판단의 면에서도 실패했다. 이것은 아베의 딜레마이기도 하다. 아베는 온갖 험담을 늘어놓고 있지만 대법원 판결을 정조준하지는 못하고 있다. 대법원 판결은 '식민지 지배 책임 문제의 일부인 강제동원 문제는 〈청구권협정〉의 대상이 아니다'라는 것이다. 이것을 비판하려면

'식민지 지배 책임 문제의 일부인 강제동원 문제는 〈청구권협정〉의 대상이다'라고 반박해야 한다. 하지만 아베는 '구 조선반도 출신 노동자 문제는 〈청구권협정〉에 의해 해결되었다'라고만 주장한다. 식민지 지배 책임과 강제동원을 원천적으로 부인하는 아베로서는 그렇게 할 수밖에 없다. 일본 언론도 마찬가지이다. '식민지 지배 책임'이나 '강제동원'이라는 용어 자체를 사용하지 못하고 있다. 결국 대법원 판결이라는 상대가 아니라 허공에 대고 주먹을 휘두르며 목소리만 높이고 있는 것이다.

'그들'이 대법원 판결을 유효하게 비판하는 방법은 한 가지, '일본의 한반도 지배는 책임져야 할 일이 아니라 감사받아야 할 일이니, 대법원 판결의 전제가 틀렸다'라고 하는 것뿐이다. 하지만 아베도 감히 그렇게까지 말하지는 못한다. 그런데 《반일 종족주의》는 감히 그렇게까지 말하려는 듯하다. 새삼스러운 일도 아니다. 한국의 이른바 '보수 언론'의 사설에서, 이른바 '전문가'들의 칼럼에서 수없이 발견할 수 있는 논조이다.

그냥 식민지가 된 게 아니다. 밖으로부터의 침략만으로 무너지는 나라는 없다. 《반일 종족주의》는 또다시 식민지적 상황으로 추락하지 않기 위해 정신을 바짝 차리지 않으면 안 된다는 사실을 일깨워준다는 점에서는 매우 유용한 책이다.

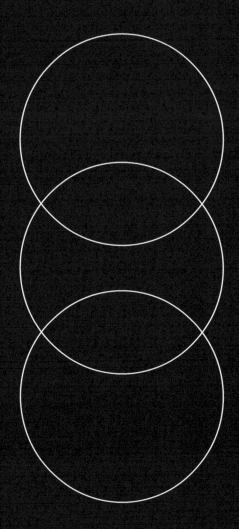

쌀을 팔아 다른 소비를
늘렸을 것이라고?

이송순

과잉된 위기 그리고
과잉된 개발

식민지 근대화론의 좌장 이영훈은 '19세기 위기론'과 '토지조사사업의 수탈성 재검토'라는 논제를 내놓았고 학계는 이에 대한 검토와 논의를 이어갔다. 1960~70년대 냉전 반공체제하에 정치적·이데올로기적 필요에 의해 불균등한 한일관계가 정립되면서 학계는 이에 저항하는 '민족주의' 사관에 입각한 한국 근대사를 정리해갔다. 여기에 식민과 분단의 과정에서 역사적 정통성을 갖지 못한 정권은 '국수적' 민족주의에 편승했다. 이 시기의 역사상이 이영훈의 출발점이자 종착점이다.

이영훈은 소설 《아리랑》의 드라마적 구성에 시비를 걸며 한국 사회는 '환상과 광기의 역사'에 기반한 종족주의에 빠져 있고, 한국의 역사학 자체도 종족주의에 기반하고 있다는 과감한 비판을 하고 있다. 그러나 '토지조사사업 과정에서 전국 토지의 40퍼센트가 총독부 소유지로 수탈되었다'는 서술은 1974년부터 2003년까지의 국정 국사교과서의 문제였다. 2011년 한국사 교과서의 완전 검정제가 실시된 후 어떤 교과서에서도 이러한 서술은 하고 있지 않다. 1980년대 이후 한국의 역사학계는 한국의 근대사, 1876년 개항 이후 세계체제에 합류한 조선-대한제국-식민지 조선-대한민국의 역사에 대해 사실을 발굴, 논증하며 그러한 사실을 역사적 맥락하에 해석하는 연구를 진행하고 있다.

식민지 근대화론의 역사상은 "1860년대부터 본격화한 위기의 와중에서 조선 사회는 분열하고 정치는 통합력을 상실하였다. 보기에 따라 위기는 1905년 조선 왕조의 멸망이 어떤 강력한 외세의 작용에 의해서라기보다 그 모든 체력이 소진된 나머지 스스로 해체되었다고 해도 좋을 정도로 심각한 것이었다"(이영훈, 《수량경제사로 다시 본 조선 후기》, 2004). 일본은 이러한 조선 왕조를 접수하고, 식민지로 삼아 경제를 안정시키고 개발시켜 윤택하게 했을 뿐 아니라 모든 제도를 근대화시켰다. 그것이 해방 이후 한국 경제 고도성장의 역사적 배경이 되었다는 것이다.

식민지 근대화론의 '19세기 위기론'을 뒷받침하는 경제적 근거는 농업 생산성의 엄청난 하락이다. 이영훈은 자료가 발굴된 31개 지역의 두락당 지대량 데이터를 바탕으로 17세기 후반~ 20세기 전반까지의 장기추세를 분석한 결과, 이 시기 두락당 지대량 추이가 19세기 말을 저점으로 하는 U자 형태를 띤다고 보았다. 그러나 허수열은 이것은 지대량을 통해 생산량을 분석한 것으로, 실상을 제대로 파악하기 위해서는 생산량 중 지주가 수취하는 비율(지대율)을 알아야 한다고 비판한다.

19세기 중엽 이후 지대 수취방법은 타조법(소작료 분배율만 정하고 생산물을 그 비율에 따라 분배)에서 집조법(소작지 작물의 성숙기에 지주와 소작인이 함께, 혹은 지주 단독이거나 제3자가 농작 상태를 살펴보고 그 분배율을 결정) 혹은 정조법(소작 계약 때 미리 일정한 수량을 정하고 추수 후 분배)으로 변화하기 시작했고, 특히 데이터가 발굴된 경상도와 전라도 지역에서의 변화가 광범위했다. 타조법에 비해 집조법은 수확량의 분배(지대율)는 소작인에게 유리하고 대신 지세와 종자를 소작인이 부담하는 형태였다. 이에 추수기의 지대량은 감소되는 것이다. 일제강점 이후 〈지세령〉에 의해 법률적으로 토지 소유자의 납세가 규정되면서 다시 지세와 종자는 지주가 부담하게 되어 지대율의 상향 조정이 이루어졌다. 일제시기 두락斗落(1마지기 논은 약 150평에서 200평, 밭은 100평)당 지대량이 증가한 것은 토지 생산성 향상에 의한 것도 있지만 일부는 지대 수취방법의 변화에 의한 지대율 증가에 따른 것일 수도 있다. 또한 지대량이 생산량이라는 것을 인정하면 17세기 후반~18세기 토지 생산성이 같은 시기 일본보다 높고, 일제시기 가장 생산성이 높았던 1930년대 후반보다 높게 나온다. 이것은 현실적이지 않다.

식민지 근대화론의 '19세기 위기론'은 19세기 말 두락당 지대량의 급감과 일제시기 두락당 지대량 증가를 오로지 토지 생산성의 변화로만 해석하여 19세기 말의 위기와 일제시기 성장을 과대평가하는 오류를 범한 것이다.

식민지 근대화론의 주장을 통계자료로 분석, 입증한《한국의 경제성장》은 1911년~1940년간 조선의 GDP를 추계하였는데, 그 결과에 의하면 일제 식민지 시대 황금기는 1930년대가 아닌 1910~1917년간이 된다. 이는 조선 왕조 말기의 위기 상황을 강조하는 연속선상에서 조선이 일본의 식민지가 되면서 조선의 농업 생산력이 비약적으로 발전하기 시작했다는 주장을 내포하고 있다.

1910년대 농업 생산력 증대의 요인은 재배 면적의 확대와 단보段步당(약 300평) 생산량 증가를 들 수 있다. 1910년대는 개간이나 간척, 지목 변환에 의한 재배 면적 증가는 크지 않았다. 많은 자본과 노동력이 투하되어야 하는 개간, 간척사업은 1920년대 산미증식계획 이후 본격화되었기 때문이다. 다만 토지조사사업으로 세금 회피를 위해 누락되었던 땅들이 파악되어 통계상의 면적 증가로 나타났지만 이는 실제 생산량 증대와는 관련이 적다.

이에 쟁점은 단보당 생산량 증가 여부인데, 그중 우량품종 재배 면적의 증가가 결정적이라는 것이다. '우량품종'은 일본 품종을 말하는 것으로 일본에서의 도입 경로는 조선총독부 농업기술기구가 직접 가져온 것과 일본에서 이주한 농가, 예를 들면 동척과 불이흥업 이민, 일본인 농장 및 농업회사 등 민간에서 도입한 것이었다. 이 중 권업모범장·도 종묘장이 도입한 것이 45퍼센트, 일본 이주 농가·농장 등이 들여온 것이 55퍼센트였다. 일제는 한국에서 벼 재배법의 개량만으로 적어도 70~80퍼센트의 증수가 가능하다고 판단하여 벼농사 기술의 개량과 '우량품종' 도입에 집중했다. 이에 '우량품종' 보급률은 1912년 3퍼센트에서 8년 뒤인 1920년에는 60퍼센트로 뛰었고, 남한 지역은 70퍼센트를 상회했다.

일본에서 도입된 우량품종이 재래품종보다 생산성이 월등히 높고 그 우량품종의 보급률이 1910년대 비약적으로 증가하였기 때문에 평균 단보당 생산량이 급증할 수밖에 없었다는 주장이다. 1910년대 새로 도입된 우량품종이 한국의 재래품종에 비해 어느 정도 생산성이 높았던 것일까. 한국은 여름철의 집중호우를 제외하면 일본에 비해 건조한 지역이다. 당시 한국의 대다수 논은 천수답으로 관개시설이 잘 갖추어지지 못했다. 1910년대 보급된 품종—와세신리키早神力, 고코료미야코穀良都, 타마니시키多麻錦—은 "농촌 실정을 감안하여 관개가 불량하고 비료 투입이 적은 상황에서 비교적 좋은 성적을 내는" 것으로 선정되었지만 일본의 농업 환경을 바탕으로 만들어진 품종이 한국에 적응하는 것은 쉽지 않았다. 실제 우량품종이 본격적으로 보급된 1914년부터 1929년까지의 단보당 생산량은 0.8석에서 1.0석 사이를 오갈 뿐 증가 추세를 확인하기 어렵다.

일상적 삶은 아찔한 롤러코스터보다 편안히 돌아가는 회전목마를 원한다. 1910년대 일제의 무단통치는 경제적인 부분에도 그대로 적용되어 헌병·경찰과 행정력을 앞세운 강제적인 우량품종, 뽕나무 묘목 보급 등이 이루어졌고, 이에 고통받던 농민들은 1919년 3·1운동에서 대한 독립 만세를 외치며 일제 10년간의 식민 통치에 저항했다. 새로 만들어지는 커다란 저수지와 도로, 철도는 세상의 변화를 실감케는 했지만 농민들의 삶을 위로하고 풍요롭게 해주지 못했던 것이다.

열심히 일한 당신
배고파라

1876년 강화도조약에 따른 개항으로 조선은 세계체제에 편입되었고, 이를 주도한 일본은 자국 발전에 필요한 조선 쌀 수입에 눈독을 들였다. 개항기 조선의 쌀은 대부분 일본으로 수출되었다. 쌀은 조선의 주력 생산품이자 수출품이었지만 생활필수품이기에 쌀 부족은 식량 위기를 초래했다. 이에 대한제국 정부는 쌀 수급의 위기가 예상되면 여러 가지 정책을 강구하여 민중들의 삶을 보호했다.

그러나 1910년 일제에 의한 한국 강제 병합은 이러한 자유와 보호의 긴장관계를 일방적으로 깨뜨렸다. 일제의 식민 통치는 한국인의 인권에 입각한 삶의 기준이 아닌 그야말로 생존의 최소치가 기준이 되었다. 1910년 이후 일본 본국과 식민지 조선 간의 거래는 이입移入, 이출移出이라는 용어를 사용한다.

국가 간의 무역은 관세가 관건이다. 1910년대는 조선에 대한 식민 지배를 방조하거나 묵인한 서구 제국에 대한 배려로 일본과 조선의 관세 통합이 이루어지지 못했지만, 조선 내 유통되는 쌀을 독점할 수 있었던 일본인 상업자본에 의한 조선 쌀의 일본 이출은 급증했다. 개항기 한국의 쌀 총생산량 중 수출량은 약 10퍼센트 정도였으나 일제 강점 이후 총 생산량 중 이출량은 1915~1919년간 15.8퍼센트로 증가했다. 그러나 이것은 시작에 불과했다.

제1차 세계대전 과정에서 자본주의 발전을 가속화한 일본은 쌀의 안정적 수급을 이루지 못하면서, 증가한 도시노동자를 중심으로 쌀

폭동(1918년 쌀값 폭등에 따른 쌀값 인하 요구가 폭동으로 변했고 전국적으로 번졌다)이 발생하는 등 많은 사회문제가 발생했다. 이에 일본은 제국권 내 쌀의 안정적 공급을 위해 식민지 조선에서 본격적인 쌀 증산 정책을 실시하였다. 대규모 쌀 증산을 위한 근본적 대책으로 1920년 토지개량을 중심으로 한 산미증식계획이 실시되었다.

일제는 일본 제국권 내의 '식민지 조선'의 산업정책을 정비하기 위해 1921년 6월 〈산업조사위원회 규정〉을 발포하고 1921년 9월 제1회 위원회를 개최했다. 이 위원회에서 〈농업계획 요항〉이 결정되었는데, 제1항이 "조선의 실력을 증진하고 또한 제국의 식량 충실에 공헌하기 위해 산미 증식을 도모할 것"이었다. 산미증식계획은 한국 내 식량 수요에 대응한 것이 아닌 일본으로의 쌀 이출 증가가 주목적이었음을 알 수 있다.

이에 1920년 조선과 일본을 동일한 관세법 체제에 편입시켰고, 조선 쌀의 일본 이입세는 철폐되었다. 이제 조선 쌀은 어떠한 보호 장치도 없이 저렴한 가격을 무기로 일본 시장으로 팔려나갔다. 조선의 쌀 생산량은 1917~1921년 평균 1,410만 석에서 1922~1926년 평균 1,450만 석으로 40만 석 증가하는 데 그쳤지만, 일본으로의 이출량은 같은 기간 동안 연평균 220만 석에서 434만 석으로 200만 석 이상 증가했다. 이러한 추세는 계속 확대되어 조선 쌀 생산량 대비 이출량은 24.5퍼센트(1920~1924), 32.3퍼센트(1925~1929), 44.3퍼센트(1930~1936)로 계속 증가했다. 반면 조선인 1인당 쌀 소비량은 0.71석(1915~1919)에서 0.43석(1930~1936)으로 감소했다.

한국인의 주식은 쌀로만 이루어지지는 않았다. 지역별로 각종 잡곡을 섞어 먹는 게 현실이었다. 김낙년은 쌀 소비량 감소에 대해 "쌀을 대량으로 수출하다보니 귀해져서 가격이 비싸졌다. 소작농의 경우 생산한 쌀을 소작료와 그 외 불가피한 지출에 충당하고 나면 먹을 식량이 부족해 비싼 쌀을 팔아서 값이 싼 잡곡으로 바꾸어 소비할 수밖에 없었다"고 한다. 그러나 일제강점기에는 잡곡의 1인당 소비량도 감소하여 1인당 전체 식량 소비량은 2.03석(1915~1919)에서 1.64석(1930~1936)으로 감소했다.

밤낮없이 일해 수확한 쌀을 소작료와 공과금 등으로 지출하고 자신들은 고된 노동의 대가로 윤기 흐르는 '이밥(흰밥)' 한 그릇 먹을 수 없었음은 물론, 시꺼먼 꽁보리밥이나 조밥조차도 배불리 먹을 수 없었다. '이밥에 고깃국 한 그릇'이 평생의 한이 되는 가난이 단지 무지몽매한 농민 탓일까. 송이버섯과 쌀의 유통·소비 패턴을 비교하며 송이버섯 팔아 다른 소비나 저축을 늘리듯 쌀을 팔아 다른 소비나 저축을 늘렸을 것이라는 주장(김낙년, 50쪽)은 '빵이 없으면 고기를 먹으면 되지 않느냐'는 이야기처럼 헛웃음을 짓게 한다. 물론 극소수의 대지주들은 쌀 생산량 절반 이상을 소작료로 받아 좋은 가격에 일본 시장에 내다 팔아 호화로운 소비로 날을 지새웠을 수 있다. 그러나 일제시기 어떠한 자료도 농민들의 삶의 수준이 향상되고 가난을 벗어났다는 사실을 보여주지 않는다.

일제강점기 조선 쌀은 '수탈'된 것이 아니고 '수출'되었다는 주장은 일본이 강제성 없이 대가를 주고 조선 쌀을 구입했다는 것이다. 물론 깡패나 도둑처럼 빼앗아간 것은 아니다. 그러나 식량은 단순한 상품이 아니다. 과연 한국이 일본의 식민지가 아니었다면 자국민을 절대적인 기아 상태로 내모는 쌀 수출을 보고만 있었을까.

식민지와 본국 간의 거래를 독립국가 간의 수출이라는 용어로 등치시키는 것이 과연 타당할까. 국가 간의 무역에 필수적인 관세에 대한 어떠한 권리도 없고, 시장과 정책이 모두 일본 본국의 필요에 의해 좌지우지되는 상황이라면 식민지 조선인의 입장에서는 '강제적' 거래에 해당하지 않을까. 이것은 전시체제기 공출이라는 시스템으로 현실화되었다.

1920년대 군산항에 산처럼 쌓여 있는 쌀가마니가 일본으로 실려 나가는 것을 눈물지으며 바라보던 농민들, 21세기 한국에서 미국산 쌀이 항구에 쌓이는 현실을 바라보는 농민들. 정반대의 위치에 서 있지만 이들은 모두 세계 자유무역 체제의 약자이고, 최대 이윤 추구의 희생자이다.

그러나 식민지와 독립국가의 농업과 농민은 다르다. 독립된 한국에서는 분단과 전쟁의 고개를 넘으며 가난의 시절을 이어갔지만 부족한 쌀이 강제로 팔려나가는 일은 없었다. 여전히 농민은 자본주의 시장경제의 약자이지만 국가와 사회공동체는 이들의 희생에 대한 다양한 대안과 정책을 내놓고 있다. 일본제국주의는 식민지 조선의 민중들의 이해는 고려하지도 않았고, 이들의 희생을 돌아보지도 않았다. 조선인은 '민도가 낮은 야만'의 민족이므로 이들에 대한 억압과 수탈은 당연한 것이었다. 그런데 21세기에 스스로 자신을 '야만의 종족'이라 호명하는 이들이 있다.

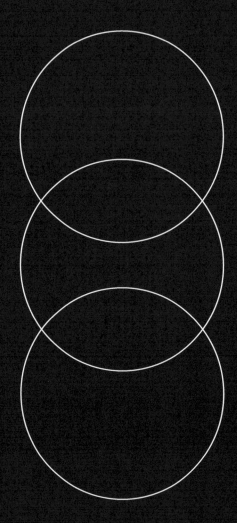

조선 공업화는 한반도 경제에
무엇을 남겼나

정태헌

'식민지 자본주의'와
'자본주의'의 근본적 차이

비옥한 토지에서 수확물이 증대되고 우량한 소에서 더 좋고 많은 우유와 고기를 얻을 수 있다. 이를 제국주의의 식민지 지배-복속 방식에 비유할 수 있다. 제국주의는 식민지에서 거둬 갈 파이를 키우기 위해 무자비한 약탈과 더불어 수탈의 원천인 잉여가치 규모를 키우는 '개발'을 병행한다. 수탈의 효율성을 높이기 위해서다. 전근대 시대와는 질적으로 다른 지배-복속 방식이다.

일제는 조선에서 '성장-개발' 체제를 작동시켰고 확대재생산에 필수적인 자금도 투입했다. 이 과정에서 자본-임노동 관계, 상품과 시장, 중화학공업이 확대되면서 생산-소비와 소득-고용이 늘어났다. 이를 두고 일제는 조선이 '농업 조선'에서 '공업 조선'으로, '후진 지역'에서 '문명 지역'으로 변했다면서 식민 지배의 정당성을 강변했다.

그러면 왜 대다수 조선인들은 식민 지배에 환호할 수 없었을까? 국가 없는 자본주의(식민지 자본주의) 체제에서 조선 경제는 일본의 경제 발전과 침략전쟁을 위한 수단이었고 조선인들은 엑스트라에 불과했기 때문이다.

식민지 자본주의라는 무대의 감독과 주인공은 일본 정부와 일본 자본이었다. 감독의 지시를 따르는 조감독이었던 조선총독부의 최우선 과제는 일본의 경제 발전과 침략전쟁을 뒷받침하는 식민정책의 실행이었다. 조선 경제의 산업연관성은 전혀 고려의 대상이 아니었다. 국가의 보호와 지원, 이해관계를 관철시킬 제도적 통로가 전무한 조선인 자본은 발전 전망을 갖기 어려웠다. 당시 조선인 언론과 지식인은 물론, 친일 인사들조차 '조선 경제'와 '조선인 경제'를 구분해서 사고한 것은 이 때문이었다.

간과해서는 안 될 '상식' 하나를 확인하자. 자본주의 경제의 세 주체는 개인·기업·국가(정부)이고, 이 가운데 특히 국가의 역할이 절대적이라는 점이다. 그런데 수요공급론에 매몰된 주류경제학 방법론은 식민지 사회를 '탈정치적', '탈국가적'인 시장경제로 운영되는 자본주의 경제로만 포착하는 경우가 많다.

그러나 세계사를 돌아볼 때 방임된 시장경제만으로 혹은 국가의 뒷받침없이 기업가만의 자력으로 자본주의 경제가 전개된 경우는 없었다. 19세기 말 영국의 우월한 경쟁력은 자유무역론으로, 독일의 뒤처진 경쟁력은 보호무역론으로 나타나 자국 기업과 시장의 경쟁력을 뒷받침했다. 제2차 세계대전 때까지 미국이 강력하게 시행한 보호무역 정책은 70여 년이 지난 오늘날 트럼프 정부의 상징이기도 하다.

침략전쟁 뒷받침을 위해
필요했던 조선 공업화

일각에서는 식민 지배, 특히 '조선 공업화'를 통해 조선이 자본주의 사회로 변모했고 이때 축적된 기술과 경험이 한국 경제 성장의 원동력이 되었다고 주장한다. 그러면 그들이 금과옥조로 여기는 GDP 증가와 그것을 추동한 '조선 공업화'의 본질은 무엇일까? GDP의 발명자 사이먼 쿠즈네츠Simon Kuznets조차 GDP 통계의 근본적 한계를 지적했다. 양적 지표에 대한 '환상'에서 벗어나 식민지 경제의 본질에 접근하려면 거시적 수치에 담긴 경제구조의 실제 내용을 봐야 한다. 그러려면 식민정책 별로 배경이 무엇인지, 식민자본주의하에서 늘어난 생산력의 궁극적 향방이나 귀결이 어떠했는지, 조선인 자본에 어떤 영향을 미쳤는지, 조선인 삶의 질은 어떠했는지 등 조선 경제와 조선인을 중심에 둔 주체적 문제의식이 필요하다.

먼저 일제가 조선 공업화를 추진한 배경부터 보자. 강제 병합 초기에 일제는 조선인 자본을 통제하기 위해 〈조선회사령〉을 제정할 정도로 자본 여력이 크지 않았다. 이후에도 제1차 세계대전 호황으로 일본 경제의 자금 사정이 좋아지는 1916년경을 지나 1920년대 후반까지 조선총독부의 경제정책 가운데 조선 공업화의 필요성이 제기된 적은 없었다. 일본으로의 안정적인 쌀 공급을 위한 산미증식 정책, 중국 침략을 위해 일본–조선–만주를 잇는 철도정책처럼 농업과 철도에 집중되어 있었다.

조선총독부가 식민정책을 전환한 결정적 계기는 고율소작료를 견

딜 수 없어 조선 농촌에서 활발해진 민중운동을 통제하기 위한 새로운 통치 방식의 필요성, 그리고 이 상황에서 닥쳐온 세계대공황과 일제의 침략전쟁이었다. 경제 위기 돌파구로 일제가 만주를 침략하면서 자국의 중공업 제품을 만주·조선에 판매하고 이곳에서 원료−식량−중간재를 공급받는 배타적인 '일본판 블록경제'의 건설이 추진되었기 때문이다. 일본 독점자본은 만주 진출의 전진기지로서 풍부한 원료, 저렴한 전력과 노동력을 확보할 수 있는 조선을 주목했다.

1931년 조선총독으로 부임한 우가키 가즈시게宇垣一成는 〈중요 산업 통제법〉의 조선 적용을 미루어 일본 자본에 우호적 환경을 조성하고 남부 지역 노동력을 일본 대자본 공장이 들어서는 북부로 이동시키는 노동력 재배치 정책까지 실시했다. 1936년 총독으로 부임한 미나미 지로南次郎는 조선을 '대륙전진 병참기지'로 규정하고 자금, 물자, 노동력 등 모든 자원을 동원하여 일제의 침략전쟁 수행을 위한 산업 육성에 나섰다. 경금속, 황산암모늄, 폭약, 공작기계, 자동차, 선박, 항공기 등 군수 관련 중화학공업을 진흥시키는 정책이 본격적으로 추진되었다.

이처럼 조선 공업화는 대공황 이후 일제의 블록경제 건설과 중국 침략 준비라는 외적 요인에 더해 피폐해진 조선 농촌에서 확대되어간 민중운동에 따른 식민 통치 위기라는 내적 요인이 맞물리면서 전개된 것이다. 따라서 조선 경제의 역할은 일제의 침략정책에 부합되도록 일본의 중공업제품을 소화하고 이에 종속적으로 부응할 수 있는 낮은 수준의 공업지대로 조정되었다. 당연히 조선 경제의 산업연관성은 고려될 수 없었다.

경제 발전이 안정적으로 지속되려면 최종 완성품 생산과 이를 뒷받침하는 각 부문의 유기적 결합이 이뤄져야 한다. 기술 집약도가 낮은 부품만 생산하여 외국에 공급하는 하청경제와, 산업 연관 속에서 완제품을 생산하는 경제구조 사이에는 하늘과 땅의 차이가 있다. 산업연관성과 주도적 완결성이 없는 경제는 외부 환경에 취약할 수밖에 없다.

물론 조선 공업화로 공업 생산액은 증가했다. 1918~1940년에 농업(1.7배)에 비해 광업(21.1배), 공업(8.4배) 증가율은 현격한 차이를 보였다. 전체 산업 생산에서 농림수산업 비중(90퍼센트→64퍼센트)이 격감하고 광공업 비중(10퍼센트→36퍼센트)이 상승하여 1911~40년 1인당 생산 증가율은 매년 2.3퍼센트를 기록했다.

그러나 이 과정에서 '일본에서 자본재 이입→조선에서 원재료와 중간제품의 가공·생산→일본으로 이출'하는 구조가 고착되었다. 1920년대와 1940년대의 공업제품 구성 변화를 비교하면 식료품 비중(38퍼센트→24퍼센트), 생활재 비중(50퍼센트→25퍼센트)이 모두 감소했다. 반대로 생산재는 급증(9.5퍼센트→44퍼센트)했다. 1918~1940년에 일본으로 이출된 생산재는 100배 이상 폭증(300만 엔→3억 6,000만 엔)했다. 공업제품 이출액 가운데 생산재 비중은 62퍼센트에 이르렀다. 반면에 공장 운영에 필수적인 설비·기계·도구와 같은 자본재 비율은 1940년대에도 4.2퍼센트에 불과했다. 실제로 기계의 이입 의존도는 1940년 75퍼센트나 되었다.

식민지 자본주의 '일시적' 성장은
무엇을 남겼나

그나마 식민지 자본주의 성장 추이는 일시적인 것에 불과했다. 앞에서 본 성장 수치에는 결정적 한계가 있다. 정확성 여부를 떠나 침략 전쟁과 결부되어 '내핍 경제'가 일상화된 1940~1945년 통계가 빠져 있기 때문이다. 1937년 중일전쟁을 일으킨 일제는 생산력 확충계획을 수립하고 군수산업 중심으로 확대재생산을 도모했다. 그러나 1940년 이후에는 물자와 노동력 부족으로 '생산력 확충(설비 확장)'에서 '생산 증강(기존 설비의 최대한 활용)'으로 방침을 바꿔야 할 정도로 경제 상황이 악화되었다.

조선인 자본의 지위는 어떠했을까? 1920~1940년 회사의 납입 자본액은 10배 가까이(1억 8,000만여 엔→16억여 엔) 증가했다. 전체의 80퍼센트를 점하는 광공업 회사의 자본액이 급증(3,000만여 엔→11억여 엔)했기 때문이다. 1926~1939년 공업 생산액도 급증(5억여 엔→18억여 엔)했다. 그러나 회사 납입 자본액에서 조선인 자본의 비중은 10퍼센트 남짓에 불과했고 그나마 1941년에 8.5퍼센트로, 해방 당시에는 7.4퍼센트로 더 떨어졌다. 즉 조선 공업화를 주도한 일본 자본과 달리 조선인 자본은 영세한 주변적 존재에 머물러 있었다.

식민지 근대화론자들은 조선인 공장 수가 1920년대 후반부터 일본인 공장 수를 능가하고 조선인 회사 수도 빠르게 증가하여 일본인 공장과의 격차가 좁혀져 조선인도 조선 공업화의 혜택을 입었고 이 경험이 해방 후 산업화의 자양분이 되었다고 주장한다. 조선인은 어떤 업종에 진출했을까? 1939년 공장(가내수공업 제외) 생산액을 보면 정미업(41.8퍼센트)이 압도적이었고 그다음이 양조업(11.8퍼센트), 동물 유지 제조업(9.5퍼센트)이었다. 이 3개 업종이 63.1퍼센트를 차지했다. 이 중 경화유 공장에 판매되어 유지 공업 원료로 사용되는 동물 유지 제조업 생산물을 제외하면 정미업과 양조업은 전통적 소비재 업종이었다. 자본, 기술, 노동력이 필수적인 중화학 공업과의 산업 연관은 없었다. 조선인 자본은 조선인의 일상생활과 관련된 노동집약적 틈새 부문에서 영세기업으로 존재했던 것이다.

물론 대자본으로 성장한 조선인 기업도 있었다. 조선비행기공업의 박흥식과 경성방직의 김연수는 군수산업과 관련을 맺고 식민정책의 보호 아래 급성장했다. 그러나 극소수 특수 사례를 침소봉대하면 안 된다. 물자난과 자금난에 허덕이던 대다수 조선인은 〈기업정비령〉 시행과정에서 밀려나야 했다. 가령 정주영은 1940년에 설립한 자동차 정비공장 '아도서비스'가 1943년 초 '일진공작소'에 합병된 것을 두고 일본인에게 "흡수"되어 "강제 합병된 회사에 아무 의욕도, 정열도 없어져 곧 손을 떼었다"고 회고했다. 군수산업과 무관한 업종에서 활약하던 조선인 자본의 한계와 공업화의 식민지성을 여실히 보여준다.

조선인들의 삶은 더욱 피폐해졌다. 당시 경제수준에서 삶의 질을 가늠하는 지표라고 할 수 있는 1인당 미곡 소비량은 공출이 자행된 전시체제기는 말할 것도 없고, 그 이전인 1911~1934년에조차 격감(0.786석→0.379석)했다. 단순 노무직에 집중된 식민지 고용구조 때문에 기술 이전 효과도 논하기 어렵다. 가령 철도 종사원의 경우 조선인은 단순 실무에 집중되어 해방 후 철도 운영이 불가능할 정도였다.

식민지 자본주의의 특징은 인력, 물자, 자금 등 각종 자원을 극한 적으로 동원한 전시체제기에 뚜렷하게 드러났다. 강제동원과 공출 등 약탈체제하에서 전년 대비 공장 생산성(평균 생산액 증가율)은 1941 년 −31.3퍼센트, 1942년에 −7.0퍼센트였다. 노동 생산성(노동자 평 균 생산액 증가율)은 1942년에 −1.4퍼센트로 반전되었다. 연합군 해 상 봉쇄로 물자 수송이 두절되는 1943년 이후에는 모든 부문에 걸쳐 생산액 자체가 격감했다.

공업 생산이 증가할수록 자본재 등 핵심 소재와 부품의 일본 의존 도가 커지는 식민지 산업구조는 일제의 패전으로 종속적 분업관계가 무너지자 바로 파탄에 빠졌다. 1946년 광공업 공장의 조업률은 50퍼 센트 정도에 불과했다. 오래된 설비가 고장이 나 교체하려 해도 국내 에서 부품을 구할 수 없는 탓이었다. 해방 전후(1944년 6월과 1946년 11 월) 남한의 공장과 노동자 수를 비교하면 모두 격감(−40.9퍼센트, −52.4 퍼센트)했다. 산업별 생산지수(1940년=100)도 해방 직후인 1946년, 1947년, 1948년에 광업(11.4, 17.8, 25.6), 제조업(25.8, 28.4, 37.1), 전기 업(25.7, 31.6, 55.9) 모두 격감했다. 농업 역시 1948년(86.1)까지 격감했 다. 식민지 근대화론자들조차 1946년에 해방 전의 정점이었던 1941 년의 43.5퍼센트로 생산이 축소된 데다가 한국전쟁으로 또 하락했고 1969년이 되어서야 1941년 수준을 회복했다고 평가할 정도였다.

해방 후 경제 재건에서 일제하 기업 경험의 역할도 제한적이었다. 1930년에 존재한 공장 가운데 1938년까지 존속한 것과, 1938년에 존 재한 공장 가운데 1949년까지 존재한 것을 비교한 연구에 따르면 전 자는 22.8퍼센트, 후자는 6.8퍼센트에 불과했다. 일본은 전시경제하에 배양한 자동차 기술로 패전 후 경제 성장의 디딤돌이라도 만들었지만, 조선 사회가 보유한 각종 자원을 총체적으로 고갈시킨 조선 공업화는 해방 후 평화산업으로의 전환과 경제 재건에 장애 요인으로 작용한 것이다.

앙구스 메디슨의 역사적 통계는 지나치게 확대 추계된 점이 있지만 일반적 추이를 파악하는 데 유효하다. 식민지 근대화론자들도 종종 활용하는 이 통계에 따르면 조선의 1인당 국내 총생산은 1911년(777달러)을 지나 1937년(1,482달러)에 정점을 찍은 후 감소 추세로 반전되어 1945년(616달러)에는 일제시기 이전으로 회귀된 모습을 보였다. 해방과 더불어 조선 공업화의 기반이 신기루처럼 사라져버린 한반도는 전 세계에서 가장 가난한 농업국의 하나로 전락해 있었다.

공업 성장에 기여했다는 조선 공업화는 조선 경제에 이처럼 허망한 귀결을 불러왔다. 해방 후 한국 경제는 국가 없는 자본주의(식민지 자본주의)를 벗어나야 하는 과제를 안고 국가가 국민경제와 민주주의, 산업연관성을 의식한 경제개발 정책을 통해 새롭게 출발해야 했다.

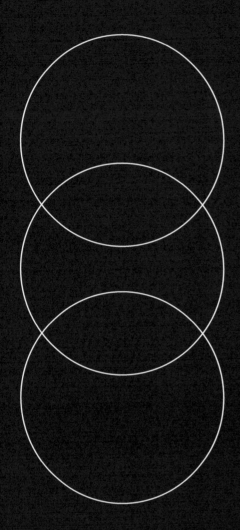

한마디로
'교육 억제' 정책이었다

박찬승

식민지 조선의 교육을
어떻게 볼 것인가

식민지 조선에서의 교육과 관련하여, 《반일 종족주의》에서는 특별한 언급을 하지 않았다. 그러나 이 책을 쓴 이들은 2008년에 교과서 포럼의 이름으로 《대안 교과서 한국 근·현대사》를 낸 적이 있었고, 여기에서 교육에 대해 간단히 언급한 바가 있어 이에 대한 그들의 생각을 알 수 있다.

그들은 이 책에서 교육과 관련된 부분의 제목을 '교육의 진흥'이라고 붙이고, 그 아래에 '교육 수요의 폭발', '대학 설립운동과 유학의 물결'이라는 항목을 두어 서술하였다. '교육 수요의 폭발'이라는 부분에서는 1919년 3·1운동 이후 교육열이 폭발하면서 교육 수요가 크게 늘어났다는 점을 강조하고, 총독부가 실시한 '3면 1교제'와 '1면 1교제'는 이와 같은 교육열에 힘입어 완료될 수 있었다고 썼다. '대학 설립운동과 유학의 물결' 부분에서는 민립대학 설립운동은 경성제국대학 설립에 영향을 미쳤다는 점을 지적하였다. 또 당시 관립과 사립 전문학교는 그 수가 얼마 되지 않았고, 관립 전문학교 학생 가운데 조선인은 6분의 1에 불과할 정도로 한국인의 고등교육 기회는 적었다고 썼다. 그리고 이러한 이유로 많은 학생들이 일본과 미국 등 해외로 나가 고등교육을 받았으며, 특히 서양으로 유학을 다녀온 이들은 귀국 후 종교계와 교육계에서 활약을 했고, 해방 이후에는 정계와 관계의 지도자가 되는 경우가 많았다고 썼다.

위와 같은 서술은 일견 큰 문제가 없어 보이기도 하지만, 식민지 조선에서의 교육과 인력 양성의 문제를 위와 같은 관점에서 서술하는 것이 과연 적절한가 하는 점에서 문제를 제기할 수 있다.

식민지 조선에서의 교육사를 서술할 때, 어떤 점을 가장 중요하게 서술할 것인가 하는 문제가 있다. 《대안 교과서 한국 근·현대사》에서는 '교육의 진흥'이라는 제목 아래 한국인들의 교육열 폭발과 이를 수용한 총독부 당국의 학교 증설, 그리고 고등교육 기회의 부족과 해외유학 등을 중시하여 서술하였다.

그러나 그동안 학계에서는 식민지 조선의 교육 가운데 학제나 학교 설립 등에서의 일본인과 조선인의 차별, 교육 내용에서의 동화주의를 더 중요한 문제로 다루어왔다. 특히 학제에서의 차별은 1920년에 들어오면서 어느 정도 해소되었지만, 학교 설립에서의 차별은 여전하였고, 특히 중등학교 설립에서는 커다란 차별이 있었다는 점이 지적되어왔다. 또 경성제대나 관립 전문학교 입학의 경우에도 일본인과 조선인의 차별이 있었다는 점도 지적되어왔다. 또 교육에서는 초등학교 때부터 일본어로 수업을 들어야만 했고, 모든 수업 가운데 일본어 수업 비중이 가장 컸다는 점, 그리고 일제 말기에는 학교에서는 일체 조선어를 사용할 수 없게 했다는 점 등이 지적되었다. 또 역사와 지리 수업에서도 일본의 역사와 지리만을 배워야 했으며, 수신 과목을 비롯하여 여러 과목에서 천황에 대한 충성을 강요하는 황민화 교육을 받아야만 했다.

이 글에서는 학계의 이와 같은 시각이 타당하다고 보면서, 두 가지 이슈 가운데 '동화주의' 교육에 대해서는 지면 관계상 생략하고, '차별' 교육의 문제에 대해서만 살펴보기로 한다.

초등학교에서의 차별

1911년 조선총독부는 제1차 〈조선교육령〉을 발표하였다. 이에 의하면 조선인들의 학교인 보통학교는 4년제, 고등보통학교는 4년제, 여자고등보통학교는 3년제로 되어 있었다. 당시 일본인들의 학교인 소학교는 6년제, 중학교는 5년제로 되어 있었다. 또 그동안 교사를 양성해온 한성사범학교는 폐지하고, 대신 고등보통학교에 사범과(1년), 교원속성과(1년 이내)를 둘 수 있다고 해두었다. 이로써 조선인 교사의 양성은 크게 줄어들었고, 이후 일본인 교사들이 일본 본토로부터 대거 조선에 건너와 보통학교 교사가 되었다. 한편 실업학교는 2년제 또는 3년제로 하여, 고등보통학교 4년보다 짧게 하였다. 대학에 관한 규정은 아예 두지 않았으며, 3년 혹은 4년제의 전문학교에 관한 규정만을 두었다.

일본인들은 학교조합을 만들어 자율적으로 소학교 등을 설립하여 운영할 수 있게 했지만, 조선인들의 경우에는 이를 허용하지 않았다.

따라서 조선인들의 보통학교는 총독부의 뜻에 의해서만 설립될 수 있었다. 이와 같이 제1차 〈조선교육령〉은 조선인과 재조선일본인의 교육 시스템을 원천적으로 다르게 하는 '차별주의', '분리주의' 정책이었다.

조선총독부는 3·1운동 당시 교육차별에 불만을 가진 학생층이 대거 참여한 것을 의식하여, 1922년 교육 시스템을 다소 바꾼 제2차 〈조선교육령〉을 발표하였다. 이 교육령에는 대학과 사범학교를 설치할 수 있게 하는 내용이 들어갔다. 또 일본인과 조선인 학교의 수업 연한을 동일하게 통일하였다. 다만 일본인의 학교 명칭과 조선인의 학교 명칭은 여전히 구분하였다. 즉, 일본인 학교는 소학교-중학교, 조선인 학교는 보통학교-고등보통학교의 명칭을 그대로 사용하였다. 사범학교의 입학 자격은 본과의 경우 심상소학교 또는 수업 연한 6년의 보통학교 졸업 정도로 하고, 남자는 6년, 여자는 5년의 교육을 받도록 하였다.

제2차 〈조선교육령〉 발표 이후 조선의 교육계에는 상당한 변화가 나타났다. 우선 총독부는 보통학교를 3개의 면에 1개의 학교를 세운다는 '3면 1교'의 계획을 당초 8개년계획에서 4개년계획으로 단축하여 1922년에 완료하였다. 1923년 이후 보통학교의 증설은 다시 침체 상태에 들어갔다가 1929년부터 1면 1교제가 실시되면서 다시 늘어났다. 1921년에는 경성사범학교를 세웠으며, 이후 각 도에 공립 사범학교를 세워나갔다. 또 1927년 이후 중학교, 고등보통학교에서 실업과를 필수과목으로 하였으며, 실업학교의 증설이 이루어졌다.

한편 전문학교로는 1926년 당시 관립의 경성법학전문학교 외 4개교, 사립의 세브란스연합의학전문학교 외 4개교가 있었다. 총독부는 경성제국대학을 세우기로 하고, 1924년 〈경성제국대학령〉을 공포하였다. 그 결과 경성제국대학 예과가 1924년에 개교하였으며, 1925년 이후 순차적으로 법문학부, 의학부 등 학부가 개학하였다.

그러면 1920년대 이후 각급 학교는 어떻게 설립되고 있었으며, 각급 학교에 취학하는 학생들은 얼마나 되었을까. 우선 초등학교인 공립 보통학교 수는 1912년 341개에서 1922년 900개, 1932년 1,980개, 1942년 3,110개로 늘어났다. 이에 따라 취학률도 점차 높아졌다. 〈그림 1〉에서 보면, 공립보통학교 취학률은 1910년대에는 10퍼센트 미만이었다가 1920년대에 들어와 20퍼센트대로 진입하였고, 1930년대 후반에 들어와 30퍼센트를 돌파하여 1940년에는 60퍼센트를 넘어선 것을 알 수 있다. 즉, 중일전쟁 이전까지는 40퍼센트 이하였다가, 중

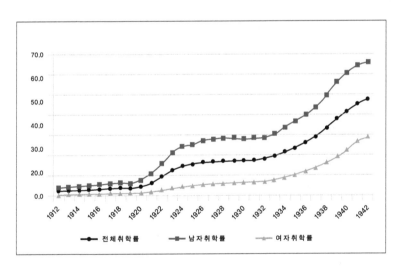

〈그림 1〉 보통학교 취학률(1912~1942)
자료: 오성철, 《식민지 초등 교육의 형성》, 교육과학사, 2000, 113쪽.

일전쟁 이후에 들어와서야 비로소 취학률이 다소 높아졌던 것이다.

그러나 위와 같은 조선인 아동들의 취학률은 당시 조선에 와 있던 일본인 아동들의 취학과 비교하여 커다란 차이를 보이고 있었다. 1931년에 조선인 아동을 위한 보통학교는 1,701개교, 일본인 아동을 위한 소학교는 465개교였는데, 인구 비례로 보면 조선인 1만 1,952 명당 1개교, 일본인 1,137명당 1개교였다. 조선인 학생은 48만 7,000 여 명, 일본인 학생은 6만 7,000여 명으로, 이는 조선인 인구 42명당 1명, 일본인 인구 7.8명당 1명에 해당하는 것이었다. 또 학령 아동 취학률은 조선인 아동은 19.9퍼센트, 일본인 아동은 99퍼센트였다. 일본인 아동들은 사실상 의무교육을 받고 있는 것이나 다름없었고, 조선인 아동들은 5분의 1 정도만 학교에 갈 수 있었다. 이러한 상황이 나타난 것은 조선인 아동들을 위한 보통학교가 그만큼 부족했기 때문이다. 3면 1교, 1면 1교제로 학교 수가 상당히 늘어난 것 같지만, 실제로는 여전히 학교가 부족했던 것이다.

중등교육과
고등교육에서의 차별

이어서 중등학교의 설립에 대해 살펴보자. 〈그림 2〉는 조선인 중등학교에 해당하는 고등보통학교 학교 수의 추이를 보여주는 것이다. 1920년대 이후 보통학교의 숫자가 늘어나면서 보통학교 졸업자 수도 그 상승폭이 완만하나마 꾸준히 늘어났다. 하지만 〈그림 2〉에서 보듯이 1920년대 고등보통학교의 숫자는 거의 늘어나지 않았다. 1920년 보통학교가 641개교이던 것이 1935년 2,274개교로 늘어난 데 반해 고등보통학교는 1920년 23개교에서 1935년 45개교로 늘어나는 데에 그쳤던 것이다. 특히 공립 고등보통학교의 숫자가 1920년 대 중반부터 10여 년간 거의 늘어나지 않았다. 이에 따라 보통학교 졸업생들의 고등보통학교 진학률도 크게 낮아졌다. 1920년 28.6퍼센트, 1923년 18.6퍼센트, 1926년 10.0퍼센트, 1930년 8.1퍼센트, 1935년 5.8퍼센트로 진학률이 낮아진 것이다.

그러면 조선인 중등학교의 학교 수·학생 수는 당시 재조선일본인 중등학교의 학교 수·학생 수와 비교하여 어떤 상황에 있었을까. 1931년에 조선인 고등보통학교와 일본인 중학교의 숫자는 거의 비슷하였

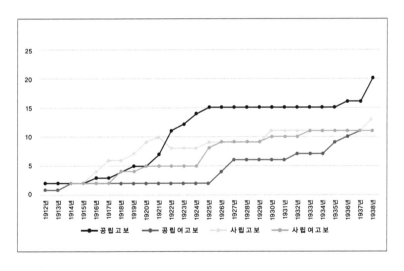

〈그림 2〉 고등보통학교 학교 수 추이

*자료: 송규진 외, 《통계로 본 한국근현대사》, 아연출판부, 2004, 361~367쪽.

다. 이는 인구 비례로 보면, 조선인 60만여 명에 1개교, 일본인 1만 4,000여 명에 1개교가 된다. 학생들의 숫자도 1만 6,503명, 1만 3,498명으로 큰 차이가 없었다. 이는 인구 비례로 보면, 조선인의 경우 1,239명당 학생 1명, 일본인의 경우 39명당 학생 1명에 해당하는 것이었다.

그러면 고등교육에 해당하는 전문학교와 대학의 경우는 어떠하였을까. 1931년 당시 조선에는 대학으로는 경성제국대학밖에 없었다. 그리고 전문학교로는 관립 전문학교 5개교(경성법률전문학교, 경성의학전문학교, 경성고등공업학교, 경성고등상업학교, 수원고등농업학교), 사립 전문학교 8개교(세브란스의학전문학교, 연희전문학교, 보성전문학교, 이화여자전문학교, 경성치과의학전문학교, 숭실전문학교, 경성약학전문학교, 중앙불교전문학교) 등이 있었다.

〈표 1〉은 전문학교 및 대학의 학생 수를 비교한 것이다. 관립 전문학교 5개교의 학생 수는 조선인 학생(357명)보다 일본인 학생(835명)이 훨씬 많았다. 사립 전문학교 8개교 학생 수는 조선인 학생(835명)이 일

〈표 1〉 전문학교 및 대학 학생 수(1931)

	조선인	일본인
관립전문학교(5교) 학생 수	357명	835명
대학예과 및 대학(1교) 학생 수	342명	756명
관립전문학교 및 대학 학생 수	699명	1,591명
관립 매생도당 인구수	29,238명	331명
사립전문학교(8교) 학생 수	835명	332명
전문학교 및 대학 학생 1인당 인구수	13,322명	275명

* 자료: 이여성·김세용, 《숫자 조선 연구》 제1집, 1937, 88쪽.

본인 학생(275명)보다 훨씬 많았다. 경성제대 학생 수는 조선인이 342명, 일본인이 756명으로 일본인이 훨씬 많았다. 즉, 경성제대는 조선인 학생들보다는 일본인 학생들을 위해 개설한 것이었다고 해도 과언이 아니었다. 전문학교 및 대학의 학생 수는 조선인이 1,534명, 일본인이 1,923명으로, 조선인의 경우 인구 1만 3,322명당 1명, 일본인의 경우 인구 275명당 1명에 해당하였다. 이처럼 조선인과 재조선일본인 사이에는 고등교육 기회에도 커다란 격차가 있었다.

이상에서 살펴본 것처럼 조선총독부는 1920년대 이후에도 조선인으로 하여금 일본어를 깨우칠 수 있는 정도의 보통학교 중심의 교육은 어느 정도 필요하다고 보았지만, 조선인들을 위한 고등보통학교와 같은 중등교육, 전문학교와 대학과 같은 고등교육은 별로 필요하지 않다는 인식을 갖고 있었다. 따라서 중등학교 이상의 학교의 개설에 대해서는 매우 인색하였다. 조선총독부는 여전히 조선인을 식민지민으로서 차별대우를 하고 있었다.

조선총독부 당국자들은 틈만 나면 '일시동인'이니 '내지연장주의'니 하여 조선인을 차별대우하지 않을 것처럼 말했지만, 실제로는 교육에서 보는 것처럼 엄격하게 차별대우를 하고 있었다. 어떤 일본인들은 아직도 조선총독부가 학교를 많이 세워 조선인들에게 큰 은혜를 베푼 것처럼 말하고 있지만, 조선인 취학률은 1930년대 중반에 20퍼센트, 1942년에 50퍼센트 정도밖에 되지 않았다. 이는 해방 이후 불과 15년 만인 1960년에 초등학교 취학률이 거의 100퍼센트 가깝게 되었던 것과 비교가 된다. 총독부의 교육정책은 한마디로 '교육 억제' 정책이었던 것이다.

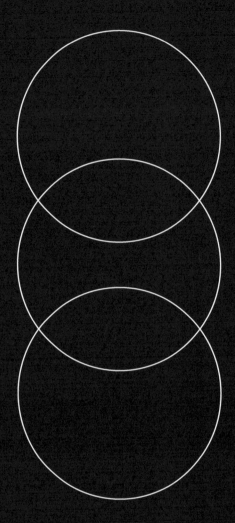

도립의원 늘었다고
조선인 의료 혜택도 커졌을까

황상익

일제는 식민지 통치의 가장 큰 성과로 보건의료 분야의 근대적 발전과 그에 따른 조선인들의 건강 향상을 꼽았다. 지금도 그렇게 여기고 주장하는 사람이 적지 않은 것 같다. 그렇기에 '알아서는 안 되는 일제시대의 진실'(73쪽의 '식민지 근대화론의 통계지표의 허구' 참조) 사이트 맨 앞에 보건의료에 관한 통계자료들을 열거했을 것이다.

우선 그 사이트가 제시하고 있는 조선인의 전염병 사망률 변화에 관해 살펴보자《도표 1》). 여기에서 사망률은 어떤 질병에 걸린 환자 중에서 몇 퍼센트가 사망했는지를 의미하는데, 오늘날은 일본이나 한국이나 치사율fatality rate이라는 용어를 사용한다. 반면 사망률mortality rate은 전체 인구 중 1년간 어떤 질병으로 사망한 사람의 비율을 뜻하며, 보통 인구 10만 명당 몇 명 식으로 표시한다. 참고로 조粗사망률은 전체 인구 중 1년간 모든 원인으로 사망한 사람의 비율을 뜻한다(따라서 《도표 1》의 '사망률'은 현재의 용례와 맞지 않아 혼돈을 일으킬 수 있으므로 이 글에서는 '치사율'로 표기한다).

예를 들어보자. 2018년 한국인 총 사망자는 29만 8,820명으로 조사망률은 582.5이며, 암으로 사망한 사람은 7만 9,153명으로 암 사망률은 154.3이다. 그리고 최근 한국인 암 치사율은 30퍼센트가량으로 세계에서 가장 양호하다. 100년 전인 1919년 조선 전역을 휩쓸었던 콜레라의 치사율이 68퍼센트였음을 떠올리면 금석지감을 금할 수 없다.

일제강점기 식민지 조선에서 최대의 문제였던 질병은 각종 전염병이었다. 그 점은 일본이나 구미 선진국도 마찬가지였다. 평균 기대수명이 50세가 되지 않던 일본은 물론이고 선진국도 60세가 될까 말까 하던 시절, 암·순환계 질환 등 주로 고령층에 발생하는 만성 퇴행성 질병은 큰 문제가 아니었다. 항생제가 개발되기 이전인 이 시기에는 여러 전염병이 온 인류의 건강과 안녕을 위협했다.

전혀 가치 없는 조선인에 관한 전염병 통계

일제는 일본 본토뿐만 아니라 식민지 조선과 타이완에서도 콜레라, 성홍열, 이질 등 가장 위협적인 10가지 전염병을 '법정 전염병'으로 지정하여 관리했다. 총독부는 1912년부터 1943년까지 법정 전염병들에 대해 조사하여 치사율 등을 매해《조선총독부통계연보》에 수록했다. 〈도표 1〉은 '알아서는 안 되는 일제시대의 진실'(73쪽 참조) 맨 앞에 제시되어 있는 1919년부터 1943년까지의 전염병 치사율 그래프이다. 1912~18년 치가 누락된 이유는 알 수 없지만 크게 문제될 것은 없어 보인다. 도표를 일견하면 전반적으로 치사율이 감소하고 있어, 전염병 관리에서 성과를 거두고 있는 것처럼 여겨진다.

치사율은 환자(분모)와 사망자(분자)의 백분율(퍼센트)이다. 《통계연보》에는 1912년부터 1943년까지 법정 전염병의 치사율뿐만 아니라 환자와 사망자 수도 수록되어 있다. 〈도표 2〉는 법정 전염병 환자의 총수를 인구 10만 명당으로 표시한 것이다. 일본 본토 및 타이완과 비교하기 위해 《일본장기통계총람》(1999)과 《타이완총독부통계서》(각 연도)도 활용했다.

일본 본토에 거주하는 일본인의 인구 10만 명당 법정 전염병 환자 총수는 200명가량으로 시기에 따른 변화는 별로 없다. 한편 조선에 거주하는 일본인의 전염병 환자 총수는 600~1,000명으로 본토에 비

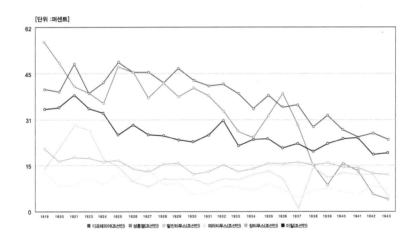

〈도표 1〉'알아서는 안 되는 일제시대의 진실'(73쪽 참조) 맨 앞에 제시되어 있는 디프테리아, 성홍열, 발진티푸스, 파라티푸스, 장티푸스, 이질 등 전염병 환자(조선인) 치사율(1919~1943). 이 밖에 콜레라, 두창(일본식 병명은 천연두), 회귀열, 유행성뇌척수막염이 법정 전염병에 포함된다(출처: 《조선총독부통계연보》).

해 무려 3~5배나 높다. 즉 조선은 일제강점기 내내 전염병이 창궐하는 위험 지역이었다. 타이완에 거주하는 일본인의 경우 1920년경까지 조선과 사정이 비슷했으며, 이후 조금 개선되기는 했지만 일본 본토에 비해 여전히 2~3배 높았다. 식민지에 거주하는 일본인들의 전염병 발병이 짧은 기간 동안만 일본 본토보다 높았다면 현지 풍토에 적응이 되지 않았기 때문이라고 해석할 여지가 있지만, 이것은 전 기

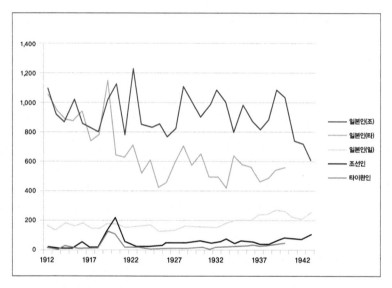

〈도표 2〉 인구 10만 명당 법정 전염병 환자 수(1912~1943). 타이완은 통계자료가 있는 1940년까지 표시했다. 일본인(조)은 조선에 거주하는 일본인, 일본인(일)은 일본 본토의 일본인, 일본인(타)는 타이완 거주 일본인을 뜻한다. 1919년과 1920년에 조선인 환자 수가 다른 해에 비해 유독 많은 것은 콜레라 환자 수를 제대로 파악했기 때문이다. 타이완도 마찬가지다. 사망자(〈도표 3〉)의 경우도 마찬가지다. 일제는 1919~20년의 콜레라 팬데믹으로부터 일본 본토를 지키기 위해 조선과 타이완에서 철저하게 콜레라 환자를 적발하여 격리하는 조치를 취한 덕분에 강점기 동안 유일하게 피식민지인 환자와 사망자 수를 파악할 수 있었다(출처: 《조선총독부통계연보》, 《타이완총독부통계서》, 《일본장기통계총람》).

간에 걸친 현상이었다.

그러면 조선인은 어떤가? 조선 거주 일본인에 비해서는 말할 것 없고 본토 일본인에 비해서도 비교할 수 없을 정도로 전염병 환자가 적었다. 타이완인도 마찬가지이다.

법정 전염병으로 인한 사망자 수도 비슷한 양상을 보인다(〈도표 3〉). 강점 후기로 가면 조금 나아졌지만 조선과 타이완에 거주하는 일본인들은 본토 일본인들보다 법정 전염병으로 인한 사망자가 훨씬 많았다. 반면 법정 전염병으로 인한 조선인, 타이완인 사망자는 터무니없이 적다.

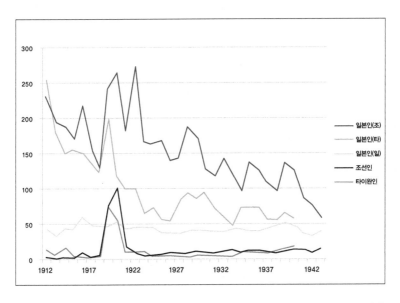

〈도표 3〉 인구 10만 명당 법정 전염병 사망자 수(1912~1943). 1919~20년의 콜레라 사망자를 제외하고 조선인과 타이완인 전염병 사망자는 턱없이 적다(출처: 《조선총독부통계연보》, 《타이완총독부통계서》, 《일본장기통계총람》).

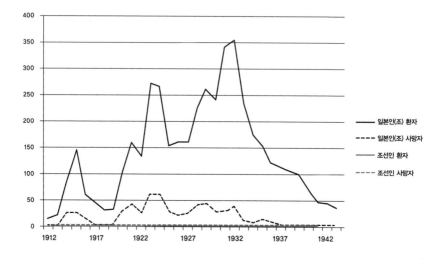

〈도표 4〉 인구 10만 명당 성홍열 환자 및 사망자 수(1912~1943).

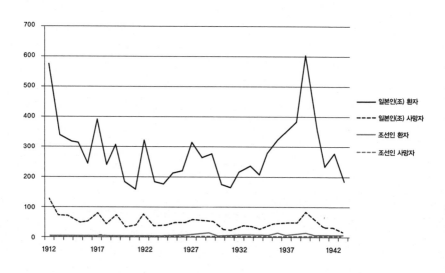

〈도표 5〉 인구 10만 명당 이질 환자 및 사망자 수(1912~1943)
(출처: 《조선총독부통계연보》).

10가지 법정 전염병 가운데 구체적으로 성홍열과 이질의 환자 및 사망자 수를 살펴보자. 두 가지 모두 조선 거주 일본인에 비해 조선인 환자와 사망자는 아예 없다고 할 정도로 적다. 디프테리아, 발진티푸스, 파라티푸스, 장티푸스 등 다른 전염병들도 마찬가지 양상이었다. 타이완인들도 다르지 않았다.

일제가 작성한 통계자료들에 의하면, 조선인과 타이완인은 항생제 시대 이전에 이미 세계에서 유일하게 전염병으로부터 해방된 사람들이었다. 반면 조선과 타이완에 거주하는 일본인들은 본토보다도 훨씬 더 전염병에 시달렸다. 요컨대 일제강점기 내내 조선과 타이완은 일본인들의 경우 전염병이 창궐하는 지역이었지만, 조선인과 타이완인은 그 무서운 전염병들의 위협에서 벗어나 있었다. 1912~43년 사이 일본 본토의 전염병 치사율은 15~34퍼센트로, 항생제 시대 이전의 전염병은 오늘날의 암과 견줄 만큼 생명을 위협하는 난치병이었다.

그렇다면 조선인과 타이완인 전염병 환자와 사망자가 실제로 그렇게 적었던 것일까? 물론 아니다. 일제 당국이 제대로 파악하지 못했거나 안 했기 때문에 신뢰성과 가치가 전혀 없는 통계가 만들어졌던 것이다. 일제도 그런 사실을 모르지는 않았다. 하지만 강점 말기까지 개선을 위한 노력을 기울이지 않은 채 엉터리 통계를 남발했다. 일제는 피식민지인들의 근대적 위생에 대한 무지와 당국에 대한 비협조, 일선에서 전염병 환자 및 사망자 보고를 담당한 의료인—특히 의생—들의 무능과 태만을 탓할 뿐이었다. 이렇게 일제는 강점기 내내 최대의 보건의료 문제였던 피식민지인들의 전염병을 완전히 방치했다.

일제는 식민지에 거주하는 자국민들을 전염병들로부터 보호하려고 노력했지만, 살펴보았듯이 큰 성과를 거두지 못했다. 타이완보다 조선에서 더 그러했다. 일본인과 피식민지인들의 거주 공간은 대체로 분리되어 있었지만, 전염병 발생 측면에서는 격리되지 않은 공간이었다. 일본인들을 위해서도 피식민지인들의 전염병 문제를 해결해야 했지만, 일제는 전혀 그러지 않았다. 가장 기본적인 정보도 모르는데 어떻게 개선을 기대할 수 있겠는가.

환자와 사망자 수가 터무니없는데, 그 비율인 전염병 치사율이 낮아졌다니!(《도표 1》). 아무런 의미 없는 통계치이다. 일제강점기 조선인에 관한 전염병 통계들은 일제가 조선인 전염병 문제를 철저하게 방치했다는 사실을 알려줄 뿐이다. 역설적으로 그런 점에서 일제강점기를 이해하는 데에 매우 소중한 자료이다.

재조일본인만을 위한
관공립 병원

일제는 강점 기간 동안 관립·도립의원을 증설하여 조선인들에게 의료 혜택을 확대했다고 선전했다. 과연 일제의 선전처럼 강점기를 통해 조선인의 의료 수혜가 늘어났을까?

조선의 주요 지역에 도립의원(초기 명칭은 자혜의원)을 많이 설립한 것은 사실이다. 1909년 2개, 1910년 10개이던 도립의원이 1943년에는 47개로 늘어났다. 도립의원 규모(건평)도 1913년 1개당 평균 1,070평방미터에서 1943년 3,181평방미터로 3배가 되었다. 도립의원 전체의 건평은 1913년 1만 9,262평방미터에서 1943년에는 8배인 14만 9,489평방미터로 증가했다. 같은 기간 연간 예산도 도립의원 1개당 평균 4배, 전체로는 11배가 되었다. 의사 수도 1913년 총 72명에서 234명으로 늘어났다. 의사는 대부분 일본인이어서 1943년의 경우 조선인 44명(19퍼센트), 일본인 190명(81퍼센트)이었으며 일제강점기 내내 조선인 병원장은 단 1명도 없었다.

그러한 조치의 결과 도립의원의 외래환자와 입원환자는 크게 증가했다. 하지만 〈도표 6〉에서 보듯이 도립의원을 이용하는 사람은 일본인이 압도적이었다. 조선인 이용자는 매우 미미했거니와 시기가

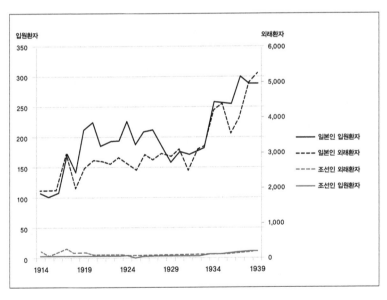

〈도표 6〉 도립의원에서 진료 받은 인구 1만 명당 일본인과 조선인 입원환자 및 외래환자 수 (1914~1939). 도립의원 환자 통계는 1939년까지만 남아 있다(출처:《조선총독부통계연보》).

지나도 거의 늘어나지 않았다. 일제는 '조선인을 위해' '조선에 근대식 의료를 보급하기 위해' 나아가 '조선의 문명개화를 위해' 의료기관을 많이 세웠다고 선전했지만, 사실은 일본인들을 위한 의료기관일 뿐이었다. 대부분의 조선인은 납세를 통해 관립, 도립 의료기관 설치와 운영을 위한 비용만 부담했을 뿐 혜택은 거의 누리지 못했다.

일제가 강점기 동안 근대의료를 보급한 것은 사실이다. 하지만 그것은 철저히 일본인들을 위한 것이었고 조선인들에게 돌아간 혜택은 매우 미미했다. 부담한 경비와 수혜를 비교해보면 조선인들로서는 터무니없이 손해나는 일이었다. 가난한 조선인들을 수탈하여 일본인들의 건강을 돌본 셈이었다.

또한 일제는 조선에 자신들이 처음으로 근대의료를 도입한 양 강변했지만, 조선은 이미 1870년대 후반부터 근대 서양식 의료를 독자적으로 도입하기 시작했다. 근대의료 도입 이전에 일제의 식민지가 된 타이완과는 뚜렷이 다른 점이다. 지석영 등 여러 선각적 지식인의 노력으로 시작된 우두 보급이 국가사업으로 확대되었고, 1885년 근대식 국립병원인 제중원을 설립하고 서양인 의사들을 고용하여 운영했으며, 1899년에는 여러 차례의 좌절 끝에 최초의 근대식 의과대학인 의학교를 세워 의사들을 양성하기 시작했다. 외세 침탈이라는 험난한 역경 속에서도 의료의 자주적 근대화를 향한 노력은 지속되고 있었던 것이다.

을사늑약 강제 체결 직후 통감부를 설치한 일제는 보건의료에 관한 대한제국 정부의 권한을 강탈하기 위하여 통감 이토 히로부미의 지휘로 대한의원을 설립했다. 일본인들로만 구성된 대한의원 창설준

비위원회는 법령 제정부터 건축까지 모든 일을 도맡아 했다. 그리고 창설위원들은 대한의원이 설립되자마자 핵심 부서의 책임자로 임명되어 대한의원뿐만 아니라 대한제국의 의료를 장악했다. 대한의원 건립 비용은 당시 대한제국 정부 1년 총 예산의 2퍼센트에 해당하는 40만 원이란 거액으로 대부분 일본 차관이었다. 바로 그 시기는 일본에 진 빚 때문에라도 나라가 패망한다고 민간에서 국채보상운동을 벌이던 때였다. 그러한 민중들의 애국운동을 능멸하듯이 대한제국의 매국노 대신들은 일제를 위해 보상운동 총 모금액의 2배가 넘는 새로운 일본 차관을 얻었다. 그렇게 세워진 대한의원의 직원도 환자도 대부분 일본인이었다.

대한의원은 내부가 관장하던 병원 업무와 학부 소관이던 의학교육, 그리고 위생국이 담당하던 보건위생 행정을 총괄하는 기구로 만들어졌다. 대한의원의 위상을 이렇게 만든 것은 보건의료와 관련되는 모든 사항을 대한의원에 집중시킨 뒤 손아귀에 넣음으로써 대한제국 보건의료를 완전히 장악한다는 방침에 따른 것이었다.

이토 히로부미가 대한의원을 세운 데에는 또 한 가지 중요한 이유가 있었다. 아프리카와 아시아의 서유럽 식민지들과는 달리 일제는 한반도를 일본인들이 실제로 많이 거주하는 곳, 글자 그대로 '식민지'로 만들려 했다. 그러려면 일본인들이 별 걱정 없이 이주할 여건을 만들어야 했고, 무엇보다도 일본인들을 위한 최신식 병원을 세워야 했다. 노회한 이토 히로부미는 대한제국 정부가 거액의 일본 차관을 들여와 일본인 이주자와 식민 통치를 위한 최상급 의료기관을 짓게 함으로써 거뜬히 문제를 해결했다. 그러면서도 겉으로 내건 명분은

'대한제국의 의료 발달'이었다. 강점기 내내 일제의 보건의료 정책의 본질은 바로 이것이었다.

이러한 기만적 통치로 조선인들은 의료에서 점점 더 소외되어갔다. 당시 가장 큰 보건의료 문제였던 조선인들의 전염병은 실태 파악조차 되지 않은 채 방치되었다. 전염병이 이러한데 다른 질병들은 말할 것도 없었다. 조선에 거주하는 일본인들도 강점기 내내 본토에 비해 몇 배나 전염병의 위협에 노출되어 있었다. 일제와 그 후예들이 극찬하는 보건의료의 발전은 전혀 근거 없는 허구이며, 오히려 일제 통치의 파탄을 가장 잘 드러내는 증거이다.

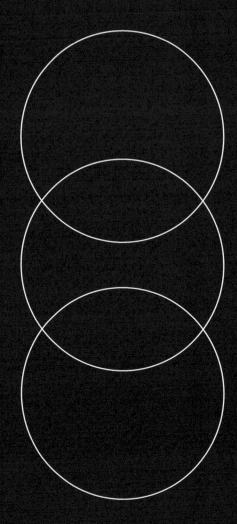

조선인 병력 동원을
어떻게 볼 것인가

김상규

식민지민을
군인으로 만든다는 것

일제의 한반도 병탄 직후에도 일본의 병력조직에 조선인이 포함된 경우는 있었다. 하지만 이들은 조선보병대, 헌병보조원, 군 관련 유학생 등 일부에만 한정되었다. 하지만 일본이 1931년 만주를 침략하고 1937년 중일전쟁을 시작하면서 상황이 바뀌었다. 전쟁은 많은 물적·인적 자원을 필요로 한다. 일본도 예외는 아니었고 한반도의 많은 자원을 전쟁을 위해 동원했다. 물적 자원은 공출로, 인적 자원은 노동력·병력으로 동원한 것이다. 이 중 가장 특수한 것이 바로 병력동원이라 할 수 있다. 잘 알려져 있듯 조선인 병력 동원은 크게 지원병(육군특별지원병)과 징병이라는 형태로 진행되었다.

《반일 종족주의》는 한국인들이 '종족주의'에 빠졌다는 증거로 육군특별지원병과 학도병제도를 꼽고 있다. "전쟁의 와중에서 육군 특별지원병을 지원한다는 것은 사생결단이며, 이를 단순히 강제동원이라고 치부하는 것은 역사를 단순화하거나 왜곡하는 것이며 이들은 자신의 생명과 권리마저 일제에 맡기는 존재가 아니다"란 이유에서다.

식민지민을 병사로 만든다는 것은 일본의 입장에서도 쉽지 않은 문제였다. 조선군 참모장을 지냈던 이하라 준지로에 따르면 육군 특별지원병제도 도입 당시 육군성과 참모본부의 입장은 미묘하게 달랐다고 한다. 군령을 총괄하고 작전계획을 담당했던 참모본부는 '인원이 충분하지 않으니 점차적으로 늘려야 한다'는 입장이었고, 육군의 군사행정을 관장했던 육군성은 조선인이 '총구를 반대로 향할 수 있으니 곤란하다'라는 인식이었다는 것이다. 제도의 도입부터 조선인에 대한 의심의 눈초리는 늘 존재했던 것이다.

육군 특별지원병제도의 도입

조선인을 일본군의 지원병으로 동원한 것은 시대적인 상황과 무관하지 않다. 1936년 부임한 미나미 지로 총독은 조선군 사령관 고이소 쿠니아키와 조선인을 지원병으로 동원하기 위한 문제를 논의하였고 1937년부터 준비를 진행했다. 1937년 일본 육군성은 조선 주둔 일본군에게 조선인의 현역 복무에 관한 의견을 구했고, 조선 주둔 일본군은 7월 2일 부로 "병역 문제 해결을 위해 시험적 제도로서 조선인 장정을 지원에 의해 현역에 복무시키는 제도를 창정하는 것이 적당하다"는 의견을 제출했다. 의견에는 육군 특별지원병제도의 시행과 더불어 조선인에 대한 의무교육제도, 황국신민 교육, 지원병 훈련소, 제대자의 직업 보장 등의 내용도 포함되어 있었다. 이런 의견이 오가는 상황에서 7월 7일 노구교사건(1937년 7월 7일, 베이징 교외 풍대豐台

에 주둔한 일본군이 노구교 부근에서 야간 연습을 실시하던 중, 몇 발의 총소리가 나고 병사 1명이 행방불명된 것이 빌미가 되어 일본·중국 양국 군대가 노구교에서 충돌한 사건)이 일어나고 중일전쟁이 시작되었다. 총독부는 1937년 8월 5일 미나미 총독 이하 내무국, 경무국, 학무국, 조선군 참모장을 모아 지원병제도를 본격적으로 추진했다.

1937년 12월 일본 각의는 '조선인 특별지원병제' 실시를 결정했다. 1938년 2월 22일에 칙령 제95호인 〈육군 특별지원병령〉이, 이후 4월에는 〈조선총독부 육군병지원자 훈련소규정〉, 〈육군 특별지원병령 시행규정〉이 차례로 공포되었다. 이에 따라 조선총독부는 1938년부터 1회 지원자를 모집하기 시작하여 1943년까지 육군 특별지원병을 모집했다.

한편 《반일 종족주의》에서는 국민협회, 동민회, 시중회 등 '조선인 정치세력'을 육군 특별지원병제도 도입의 또 다른 주체로 보았다. 이들이 육군 특별지원병제를 징병제와 연계하여 조선인의 참정권 확보의 포석으로 삼고자 한 것은 맞지만, 이들의 '참정권운동'을 '조선인 사회의 동의'라고 할 수 있을까? 이들의 참정권 요구에 관해 조선총독부는 이렇게 언급했다.

조선인 식자간識者間에 지원병제도의 실시를 요망함은 그 내심內心에 참정권 부여의 요망이 있음을 부정할 수 없으나 금회今回의 조선인 지원병제도는 그들의 요망要望에 기基함이 아니라 금차사변今次事變 등에 보인 조선인의 애국심의 발로發露에 감鑑하여 시행하려는 것이다. 따라서 참정권 문제는 자연히 본건本件과 별개別個로 고려考慮해야 할 사항에 속한다.

아직 '시험적' 제도로 운영해야 할 지원병제도에 참정권을 언급하는 것은 총독부로서도 부담감을 느끼는 것이었다. 지원병제도가 실시된다고 하더라도 조선인의 참정권 허용과는 구별해야 하는 문제였다. 결국 육군 특별지원병 제도는 조선인에게 권리를 주는 여부가 아닌 '조선인의 애국심'이라는 명분을 사용했다. 따라서 육군 특별지원병제는 조선인 사회의 동의와 협력 없이는 성립할 수 없는 것이 아니라 참정권 요구를 무시하며 성립된 것이었다.

육군 특별지원병 수에 관해서

《반일 종족주의》에서는 육군 특별지원병의 지원에 "정원 1만 6,500명에 대해서 지원자 80만 3,317명으로 약 49대 1의 치열한 지원자 경쟁률을 기록했다"고 이야기하고 있다. 이 수치는 1938년부터 1943년까지의 누적 수치이다. 1938년은 모집 인원 400명에 지원자가 2,946명이었던 것이 1943년에는 6,300명 모집에 30만 4,562명 지원으로 증가했다.

이 수치는 사실일 것이다. 육군 특별지원병제도에 실제로 많은 조선 청년들이 '지원'했다. 1941년도에 조선총독부가 만든 《제국의회 설명자료》에는 육군 특별지원병의 지원 동기, 심리 상태, 재산 등이 나온다. 1941년 총 14만 5,046명을 설문조사를 한 결과는 이렇다.

지원의 동기는 자발적 지원 35퍼센트, 관청의 종용에 의한 지원 55퍼센트, 기타 10퍼센트이다. 지원자의 심리 상태는 열렬한 애국심 27.9

퍼센트, 명예를 위해 23.0퍼센트, 개인의 실용적 동기가 15.0퍼센트, 직업으로서의 군대 선택 11.4퍼센트, 기타 23.6퍼센트로 보고되고 있다. 많은 역사학자들이 지적했듯 조선총독부가 추출한 데이터에는 지원한 조선인들의 애국심이 총독부가 주장했던 것보다는 적었다. 하지만 많은 사람들이 '애국심'으로 지원했던 것은 표면상으로는 사실이다.

1930년대, 조선의 독립이 보장되지 않은 상황에서 일제는 동화와 내선일체, 황국신민화를 제시했다. 제국주의 일본은 청년들에게 입대를 한다면 식민지민의 비애에서 벗어날 수 있다고 했다. 강제, 회유, 선전, 선동이 이어졌다. 이름만 대면 알 수 있는 유명 인사들이 연설을 하며 돌아다녔다. 신문에는 혈서를 쓰는 지원자, 불합격에 자살을 하는 이들의 기사가 나왔다. 이런 상황을 생각해보면 조선 청년들이 육군 특별지원병에 지원한 사실은 그다지 '당혹스럽지도, 미스터리'도 아니다. 하지만 한번 더 생각해보자. 조선인들의 일부가 '애국적인 마음' 때문에 지원병에 지원했다는 것은 일본제국주의가 조선인들에게 긍정적인 권력이었다는 사실을 의미하지는 않는다. 육군 특별지원병제도에 관한 여러 통계에 관해 다카시 후지타니라는 학자는 이렇게 지적한다.

더 나아가 우리는 제시된 여러 표들이 단지 식민지인들의 내면과 심리 상태를 반영하는 것이 아니라, 인구를 관리하기 위해 식민지 당국이 구사한 여러 테크놀로지들의 한 부분이었음을 인정해야 한다. 그것들은 관리와 동원에 유용한 카테고리들을 통해 아주 다양한 주체성들을 단순화했다. 그러므로 만일 위의 표들을 사회적 현실과 지원자들의 의식을 직접 반영하는 것으로 단순하게 받아들일 경우, 우리는 식민 국가들의 논리를 재생산하는 죄를 짓게 될 것이다(다카시 후지타니, 《총력전 제국의 인종주의》, 423~424쪽).

중요한 지적이다. 조선총독부의 통계에서는 '애국심'이라는 답변이 있지만, 그 애국심이 어떤 것인지를 이야기하지 않는다. '관청의 종용'의 강제성이나 정도가 어떠했는지도 이야기하지 않는다. 또한 총독부는 전체의 10퍼센트에 해당하는 이들의 동기를, 지원자의 4분의 1에 가까운 이들의 정신 상태를 '기타'로 묶어버렸다. 이는 그만큼 대답의 범위가 넓었다는 것을 이야기하는 것이 아닐까. 이를 단순히 '충량한 애국심', 반상의 차별, 향촌사회의 모순으로만 이야기할 수 없을 것이다. 요컨대 조선인의 '지원 동기'는 스펙트럼이 다양했으며, 이를 현재 상황에서 파악하기는 쉽지 않다. 한편으로 생각해야 할 지점은 일본군에게 조선인 병사의 의미가 어떠했는지이다.

일본군에게 조선인 병사는
어떤 존재였을까

육군 특별지원병제도의 실시 이후 조선인이 지원병이 되는 과정은 경찰의 창구 사무를 비롯하여 훈련소의 전형과 선별과정을 거쳐야 했다. 그러면 일본군은 육군병지원자 훈련소를 거치며 '정강한 제국의 첨병'으로 훈육·단련된 조선인 병사들을 '충량함'이 가득한 황민으로 인정했을까?

《반일 종족주의》에서 나온 조선군 제20사단 소속 육군 특별지원병 1기생의 사례는 1939년 10월 조선 주둔 일본군 사령부가 발간한 《육군 특별지원병 현황조서》를 이야기하는 것이다. 이 보고서는 조선군 제20사단의 제77·78·79·80연대에서 해당 부대 소속 특별지원병의 전투 상황을 평가한 것이다. 이 보고서는 조선인 병사를 굉장히 높이 평가했다. 하지만 몇몇 행간을 보았을 때 일본군이 걱정하던 지점이 보인다. '엄정 감시해야 하며 전투가 장기화되었을 때 민족성의 단점, 정신적·사상적 약점이 나올 것을 염두에 두어야 한다' 등의 서술이 그것이다.

1938년부터 1943년까지 지원병제도를 실시하고 징병제도를 앞둔 일본군의 판단은 육군성이 작성한 〈조선 출신병 취급교육의 참고자료 송부에 관한 건〉에 보다 자세히 나와 있다. 이 자료에는 오히려 식민지 조선인에 대한 '주의점'이 더 강조되어 있다. 몇몇 문구를 들면 다음과 같다.

–조선인은 사상·성격상 일본인과 같은 도의관이 결여되어 있음.

–일부는 민족적 잠재의식, 유식 청년의 사상적 경향으로 민족적 대립관에 빠지지 않은 자가 없다고 할 수 없으니 주의할 것.

–조선 출신병을 중대 및 내무반에 배당할 때는 일본 병사 사이에 넓게 퍼지게 하고 고향이 같은 이들을 배당할 것을 피할 것.

–소질이 떨어지는 자가 증가하여 입대 당초부터 특별교육 실시가 필요함.

–조선 출신병 상호간 조선어 사용은 엄금.

즉, 육군 특별지원병제도를 실시하고, 많은 지원자가 몰리는 가운데, 실제로 육군 특별지원병에 들어간 조선인들이 마주친 현실은 '군대적 평등성' 안의 뿌리 깊은 인종주의였던 것이다.

〈학병 보고서〉가 이야기하고자 했던 것

《반일 종족주의》는 행정안전부의 《일제의 조선인 학도지원병제도 및 동원부대 실태조사 보고서》를 인용하여 대한민국 정부에서 학병 지원을 곧 독립운동으로 인정했다고 이야기하고 있다. 정말 그럴까? 행정안전부는 학병 지원 자체를 독립운동이라고 하지 않았다. 이 보고서는 학병 출신자 중 독립유공자로 인정된 사람을 71명으로 꼽고 있는 것이다. 당연히 모든 학병들이 독립운동을 한 것은 아니다. 하지만 장준하와 김준엽과 같이 '애초부터 탈출을 기획하고 자원입대'한 학병 출신자가 있는 것도 사실이다. 반면 자신의 입신을 위해서, 혹은 집안의 가세를 더욱 발전시키기 위해 지원한 사람들도 있었다.

보고서를 자세히 보면 《반일 종족주의》에서는 중간단계를 생략한 것을 곧 알 수 있다. 현재 독립유공자 및 보훈 대상자를 담당하는 정부기구는 국가보훈처이다. 국가보훈처의 독립유공자 공훈록을 보면 계열 중에서 광복군의 항목이 들어가 있다. 보고서는 이들 중에서 학병의 목록과 대조하여 어느 정도 일치하는지를 따져본 것이다. 즉, 학병 지원을 곧 독립운동으로 인정한 것이 아니라 반대로 광복군 출신 독립유공자 중에서 학병 출신을 검출한 것이다. 사실 행안부의 보고서에 보면 우리가 학병에 관해서 생각해야 할 것들이 좀 더 많다는 것을 알 수 있다.

우선 지적하고 싶은 것은 탈출에 관한 것이다. 1943년 일본군의 자료에 따르면 학병들은 '지나 파견군'에 1,030명, 일본 내 동부군·중부군·서부군에 각각 77명, 575명, 862명을 배치했다고 한다. 조선 주둔 일본군 징병주임 참모인 요시다 도시쿠마는 "군에서는 동 지원병의 부대 배당을 실시하는 데 있어 소질 우수한 자는 선외鮮外 부대에 충당하고 조금이라도 강제 지원이라고 보여지는, 명랑성明朗性이 결여된 자는 선내鮮內 부대에 충당시켰다"고 기록했다고 한다. 애초에 일본군이 조선인 학병들을 부대에 배치할 때부터 탈출 문제는 고민하고 있는 부분이었다. 일본군은 소질이 우수한 이들을 한반도 바깥의 부대에 배치했지만 탈출사건은 벌어졌다.

일본군이 작성한 〈군기 풍기상 주요 사례집 조선 출신병의 취급지도상 요주의사항〉이라는 문건 중 1944년 1월 20일부터 9월까지 조선인 학병들의 탈출을 조사한 통계가 있다. 이 문건에는 총 66명의 학병이 탈출한 것으로 나온다. 소재지와 인원은 각각 일본 2명, 중국 41명(화북 5, 화중 36), 조선 21명, 만주 2명이다. 학병들은 동원된 이후 반년 남짓 기간 동안 이미 66명이 탈출한 것이다. 이외에도 함흥 4보병부대, 평양사단 대구24부대의 탈출사건 등이 있다.

《반일 종족주의》의 필자들도 이야기하고 있듯 탈영의 원인은 가혹한 사적 제재가 횡행하는 병영생활, 간부 후보생 탈락, 죽음의 공포가 자리 잡고 있었다.

지옥의 전장에서
우리가 상상할 수 있는 것

후지와라 아키라라고 하는 일본인 연구자의 《아사한 영령들》에 따르면, 제2차 세계대전 중 일본인의 전몰자 수는 약 300만 명 정도이며 그중 군인·군속의 전몰자는 230만 명이라고 한다. 충격적인 것은, 일본군 전몰자의 과반수가 전투에 의한 전사가 아니라 아사餓死라는 사실이다.

조선군 제20사단은 개전 초기에는 대기하고 있다가, 1942년 12월 23일 제17군에 편입되었다. 당시 동부 뉴기니의 일본군은 제공권을 잃고 보급도 끊긴 상황이었다. 전사·전상 등 전투행위에 의한 피해뿐만 아니라 말라리아, 영양실조, 기아에 의한 전·병사로 2만 5,000여 명의 인원 중 살아남은 사람은 1,700여 명이라고 한다. 말 그대로 지옥과 같은 전장, 아니 그곳이 바로 지옥이었던 것이다.

여기에 동원된 조선인들의 상황은 어떠했을까. 궤멸에 가까운 당시의 상황은 지금의 우리로선 상상조차 하기 어렵다. 생각해보자. 보급마저 끊겨버린 극한의 전장 환경, 생물학적 한계를 돌파하는 생존투쟁에서 얻은 것이 과연 긍정적인 '전문적인 군사 지식과 풍부한 실전 경험'뿐일까? 행여나 살아남은 사람들 역시 신체적으로, 정신적으로 그 트라우마에서 벗어나지 못했을 것이다. 《반일 종족주의》의 필자들은 피해를 입은 사람들의 이야기는 외면하고 있다. 전문적인 군사 지식과 실전 경험을 쌓아서 절대적인 복종, 책임감과 충성심으로 무장한 전쟁의 영웅들로만 묘사하기 때문이다.

《반일 종족주의》에서 강조하듯 혹독한 환경에서 군사기술을 배운 군인의 모습도 있을 수 있다. 하지만 우리가 이와 함께 염두에 두어야 할 것은 지옥 같은 환경에서 부상을 입거나, 사망하여 누구인지도 모르는 사람들이다. 일제강점기를 넘지 못한 이들도 있을 것이며, 분단과 전쟁의 고비를 넘지 못한 사람들도 있을 것이다. 전쟁을 겪지 못한 세대가 점점 많아지는 상황에서 우리가 과거의 전쟁을 통해서 배워야 할 것은 식민과 반공을 잇는 단편적인 기억만이 아닐 것이다. 당시 우리 할아버지, 할머니 세대가 겪어야 했던 시대적인 아픔과 한계를 우리 시대의 역사적 상상력으로 담담히 조망하는 것이다.

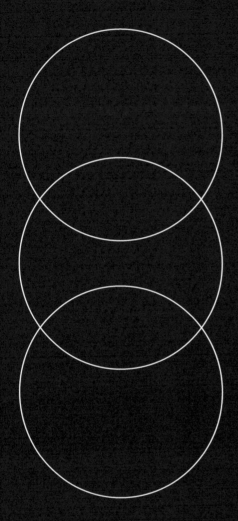

일본군'위안부'가
돈 잘 버는 '매춘부'였다고?[1]

강성현

일본군 '위안부'는 자발적인 '매춘부'였고 지금은 "종북단체" 정대협에 의해 조정당해 피해자인 척하는 할머니들이다.

2019년 9월 19일 류석춘 교수가 발전사회학 전공 수업에서 중국·북한보다 미국·일본과 친한 게 낫다는 궤변으로 스스로 '친일파'를 자처하면서 학생들에게 늘어놓은 망언의 요지다. 그는 "현실을 깨닫고 사실을 파악한 다음에, 최소한 사실에 입각한 역사를 보자"고 주장하며 이영훈의 《반일 종족주의》를 읽으면 그걸 다 알 수 있게 된다고 역설했다. 당시 그가 반론성 질문을 던지는 학생들에게 성적 수치심을 주는 발언을 하거나 욕설 섞은 말로 빈정댄 것은 잘 알려져 있다.

《반일 종족주의》에 충실한 류석춘 교수가 언론의 질타를 받자 이영훈이 나섰다. 이영훈은 이승만학당 유튜브 채널 '이승만TV'에 나와 '위안부'는 분명 매춘부이고, 류 교수의 말은 성희롱이 아니라고 '쉴드'를 쳤다. 게다가 학생이 교수의 강의를 녹음해서 외부의 적대적인 언론과 세력에게 알린 것은 광기에 사로잡힌 홍위병 같은 짓이고 류 교수에 대한 저주이며, 따라서 그 학생의 영혼은 파괴되고 인생의 패배자로 전락할 거라고 힘주어 말했다. 누가 저주를 퍼붓고 있는가?

'강제연행 없다'는 것이
기본 사실?

이영훈은 틈만 나면 "기본 사실"에 입각한 역사를 보자고 말한다. 그는 자신이 사료에 충실해 역사의 실태를 있는 그대로 밝혀보니, 일본군'위안부'는 강제연행되지 않았고 공창제의 합법적 테두리 안에서 자기 영업과 '자유 폐업'을 할 수 있는, 돈벌이가 좋은 '매춘부'였지 성노예가 아니었다고 주장한다. 그는 정규재가 대표로 있는《펜앤드마이크》라는 인터넷 매체에서 자신이 위안부 강제연행과 성노예설을 국내에서 공개적으로 부정한 최초의 연구자라고 자부하기도 했다.[2]

우선 그는 군'위안부' 피해자의 강제연행 증언은 실증적인 역사자료로 인정하지 않는다. 피해자의 증언은 객관적인 사실이 될 수 없고, 무엇보다 "종북단체" 정대협과 한국의 "반일 종족주의자"들이 피해자 '할머니'들을 꼬드기고 '민족의 성녀'로 내세워 거짓 증언을 하게 했다는 거다(338쪽). 그는 특히 2014년 8월 5~6일 아사히신문사가 요시다 세이지吉田淸治 증언—가해자로서 제주도 여성을 일본군'위안부'로 강제연행했다는 증언—의 관련 기사를 허위로 내고 취소한 것을 부각시키며, 유괴나 취업사기는 있었겠지만 "노예사냥과 같은 강제연행은 없었다"고 주장한다. 그러면서 '위안부' 강제연행의 증거인, 공문서가 있냐고 되묻는다.

피해자의 기억과 증언이 구성적이므로 객관적이지 않다는 구닥다리 협소한 실증사관을 끄집어낸 것은 차치하더라도, 역사적 증거를 인멸한 자들이 엄격한 실증주의를 자처하는 꼴이다. 이영훈 같은 역사부정론자들에게 실증주의는 피해자들의 기억이 부정확하고 정치적으로 왜곡되거나 조작되었다는 인상을 인위적으로 만들기 위해 소환한 '부정의 실증주의'에 불과하다. 더 악의적인 건 정대협에게 '종북'이란 '색깔'을 씌운 것도 모자라, 그 단체의 "폭력적인 심성"이 피해자들을 증언으로 내몰았고, 그래서 피해자들의 기억과 증언에 거짓과 가짜가 섞여 있다고 선동하고 있다. 그게 아니라면 피해자가 자신의 피해를 스스로 입증해보라고 요구하고 있다.

이런 구도에서 피해 입증은 사실상 불가능하다. 증거자료가 없어서가 아니다. 증거를 제시하더라도 가해자는 그건 증거로 인정할 수 없다고 한다. 또는 설령 피해와 증거를 일부 인정하더라도, 당시 상황상 어쩔 수 없었다든지, 예외에 해당한다고 하거나, 그도 안 되면 남들도 그랬다는 식으로 끊임없이 책임을 회피한다. 책임을 인정하는 일이 벌어지더라도 도덕적 책임의 문제지 법적 책임은 아니라고 말한다. 가해자가 가해하지 않았음을 입증해야 할 일을 거꾸로 피해자에게 무한 입증을 요구하고 있는 셈이다. 무엇보다 입증 못 할 거면, 이미 벌어진 일이고 가족 체면이 있으니 더러운 똥 밟았다고 모질게 잘 살라고 충고하면서 피해자에게 모욕감과 수치심을 안겨준다.

일본군이 여성들을 '위안부'로 동원하기 위해 강제연행한 사실을 마치 시각이나 관점에 따라 다른 것처럼 프레임 싸움으로 만드는 건 그간 역사부정론자의 주된 수법이었다. 예컨대 일본군과 정부의 군 '위안부' '강제동원'을 입증하는 공문서—일본 정부 인정/미인정 문서 모두 포함—가 여럿 공개되었지만, 그때마다 일본 정부와 역사부정론자들은 '강제연행'의 증거가 아니라고 주장해왔다. 그들에게 강제연행이란 일본 헌병(군)이나 순사가 여성을 총칼로 위협해가며 머리채를 끌고 납치하듯 트럭에 태우는 것이고, 그렇게 하라고 일본군과 정부의 공문서에 명기되어 있어야 한다.

그러나 어떤 공문서가 그런 지시를 상세히 담고 있겠는가? 부정론자들은 가해자로서 강제연행을 고백했던 요시다 세이지 증언에서 노예사냥 같은 대목을 부각시키고, 이 증언이 허위이고 이를 입증하는 공문서는 없다고 집중 공격한 다음, 그러므로 아예 강제연행 같은 건 없다고 주장하고 있다. 그런 방식으로 군'위안부' 피해자들의 강제연행 관련 증언도 모조리 부정하고 있다.

그러나 '강제'란 본인의 의사에 반하는 행위를 시키는 것으로, 본인의 의사에 반해 연행하면 강제연행이고, 그렇게 동원하면 강제동원이다. 당시 일본 형법으로도 본인의 의사에 반해 폭행이나 협박을 수단으로 여성을 지배하에 두면서 동원해 국외로 이송하면 국외이송 목적 약취죄略取罪였다. 뿐만 아니라 감언과 취업사기 등으로 속여 여성을 동원해 국외이송하면 국외이송 목적 유괴죄誘拐罪였다. 노예사냥 같은 강제연행은 약취죄 사례에 해당한다. 그리고 유괴도 분명히 불법적인 강제동원이다.

자유롭게 계약하고
폐업했다고?

누가 조선인 여성을 일본군 '위안부'로 연행하고 동원했는가? 한일의 역사부정론자들은 조선인 주선업자와 그의 손에 넘겨준 조선인 부모 (또는 호주)에게 전가하지만, 일본군이 주도하고 총독부 및 지방 말단 행정기관이 관여한 것이다. 여기서 흥미로운 것은 이영훈이 일본의 부정론자들—예컨대 하타 이쿠히코나 일본 아베 정부 등—과 달리 이 사실을 인정한다는 것이다. 그러나 군 '위안부'제는 공창제의 군사적 변형이므로 합법이고, '위안부' 개인의 자유 의사와 계약을 통해 영업한 것이며, '자유 폐업'의 권리가 있었으니 성노예제가 아니라는 식으로 주장을 펼친다. 심지어 이영훈은 군이 세밀하게 통제하면서 운영에 관여했다는 것을 강조하면서 이로 인해 "업주의 중간 착취를 통제했다"고 주장한다. 이영훈이 독자적인 주장을 전개하나 했더니 다시 하타 이쿠히코가 주장하는 일본군의 '좋은 관여론'으로 합류하고 있는 것이다. 이것은 종국에 '위안부'가 돈을 크게 벌었다는 주장으로 비약하게 된다.

이영훈의 공창제=성매매(매춘) 합법 이해는 연구자의 이해라기보다 '남성'의 일차원적 이해라 생각될 정도다. 공창제는 합법적인 성매매를 뜻하는 것이 아니다. 공창제는 치안 유지, 풍기 단속, 성병 예방을 목적으로 국가가 여성의 신체와 생활을 구속하고 관리하는 성매매제도를 의미한다.[3] 공창제 관리의 운용과 효과는 합법과 불법을 넘나들었다. 일본의 공창제 시행으로 창기와 예기 등 접객 여성의 소개업도 국가에 의해 인정되고 관리되었다. 그리고 공창제하에서 소개업은 필연적으로 인신매매가 조장되는 환경을 만들었다.[4] 여성과 아동 매매에 대한 국제법 위반이었고, 일본 정부, 특히 외무성은 이를 꽤나 의식했다. 하물며 국제법의 적용을 받지 않는 식민지 조선의 공창제와 소개업은 인신매매 메커니즘에 거의 속박되어 있었다. 이런 인신매매를 두고도 이영훈은 업자와 여성, 또는 여성 호주 간의 자유로운 계약이라고 주장하고 있는 것이다.

일본군 '위안부'가 자유 폐업 권리가 있었다는 말도 얼토당토 않는 말이다. '자유 폐업'이란 계약 기간이나 선금('전차금')이 남아 있어도 폐업할 수 있었음을 의미한다. 전선에 있는 '위안부' 생활을 하는 여성이 부채를 다 변제하지 않고 과연 일본군에게서 귀국을 허락받을 수 있었을까? 1943년 6월 일본군 15군 버마에서 채무를 청산한 여성들이 고향으로 돌아가도록 결정했지만, 부채 변제의 조건이 달리면 그건 자유 폐업이 아니다. 무엇보다 그마저도 채무를 청산했더라도 "여성은 쉽사리 설득당해 남아 있게 되었다"는 보고가 있는데, 이영훈은 이를 말하지 않는다.

꼭 전선에 있는 위안소가 아니더라도, '자유 폐업' 규정—1900년 내무성의 〈창기취체규칙〉—이 있던 일본 본토의 공창제에서도 이 규정은 현실에서 작동하기 어려웠다. 게다가 식민지 조선의 공창제에서는 그 규정조차 없었다. 공창제에서 이 규정은 사실상 인신매매로 공창에 흘러들어온 창기가 자발적으로 돈을 버는 주체라는 이미지를 만드는 것에 불과했다. 현재의 성매매 산업에 종사하는 성판매여성도 본인의 의사가 무시된 채 인신매매에 의해 선금에 얽매여 업자 및 포주에게 구속되어 '사실상의 성노예'로 간주되는 게 상식이지만, 이영훈은 그와 정반대로 주장하고 있다. 그는 창기와 군'위안부'에 대해 자유 의지, 자유 계약, 자유 폐업 같은 것을 부각시키면서 결국 "자발적으로 큰 돈을 버는 매춘부"의 이미지를 덮어씌우려 한다. 그건 공창제와 일본군'위안부' 제도의 본질을 비역사적으로 왜곡하는 것이다.

"수요가 확보된 고수익 시장"이었다고?

"큰 돈을 버는 매춘부"라는 주장은 사실 이영훈이 처음 주장한 게 아니다. 일본 극우 역사부정론자는 일찍부터 군'위안부'의 수입이 장군이나 장교보다 좋았다고 주장해왔다. 그들을 따라 이영훈도 문옥주 할머니의 군사우편저금의 액수를 사례로 "오늘날의 가치" 운운하면서 '위안부'의 수입이 거액이었다는 이미지를 만들려고 애를 쓴다. 예컨대 문옥주의 경우 1945년 9월까지 총 2만 6,551엔을 저금했는데, 그게 오늘날의 가치로 환산하면 약 8억 3,000만 원이라는 식이다. 그녀가 악어가죽 가방, 고급 녹색 레인코트, 다이아몬드를 샀다고 강조하기도 한다(324쪽). 그러나 이건 당시 '위안부'의 화폐 수입이 가지는 가치의 허상을 숨긴 기만적인 거짓 주장이다.

　문옥주의 저금액을 자세히 살펴보자. 그녀는 1943년 3월 6일 500엔부터 시작했다. 그 후 각각 수백 엔 단위로 총 10차례 저금했고, 1944년 8월 통장을 잃어버렸다가 1945년 4월 4일부터 5,560엔으로 재개했다. 한 달이 채 지나지 않은 4월 26일에 5,000엔, 5월 23일에는 만 엔, 9월 23일에는 300엔을 저금했다. 다시 말해 종전 직전인 4월과 5월에만 2만 560엔이다. 버마에서 모은 이 돈은 도쿄의 엔화 가치로 환산해보면 얼마일까? 1945년 6월 기준으로 도쿄 물가지수는 152였고, 랑군은 30,629였다(1941년 12월을 100으로 함). 고바야시 히데오 교수의 '대동아공영권'의 물가지수 자료 계산에 따르면, 문옥주의 2만 560엔은 도쿄에서는 102엔의 가치에 불과했다. 전쟁이 끝났을 때 도쿄의 물가는 1.5배 상승하는 것에 그쳤지만, 버마는 1,800배까지 올랐다. 버마는 도쿄보다 1,200배나 높은 상승률의 인플레였다. 다시 말해 문옥주의 저금은 전혀 가치가 없는 돈('군표')을 모은 것에 불과하다. 게다가 동남아 지역의 인플레가 격증하자 일본 정부는 송금액을 제한했고, 강제 현지 예금제도, 조정금 징수제도, 예금 동결 조치 등을 도입해 동남아의 인플레가 일본과 조선으로 파급되지 않도록 했다. 경제사가인 이영훈이 전시 하이퍼인플레 맥락과 이러한 사정을 모를 리 없다. 그는 자신이 정해놓은 주장을 뒷받침하기 위해서 일본 극우파의 의도적 선별과 왜곡 수법을 실증주의 외양으로 단순 활용하고 있다.

노래를 잘 불러 인기가 있었던 문옥주는 일본의 패전이 임박한 랑군에서 많은 연회에 불려가 노래를 불렀고 큰 액수의 팁을 많이 받았다 한다. 군표를 갖고 있어도 거의 가치가 없기 때문에 장교들이 팁으로 준 것이다. 그녀도 그 돈을 쓸 곳이 딱히 없기 때문에 저금을 했을 것이다. 그녀에 따르면, 랑군 시장에는 보석가게가 있었고 루비나 비취가 아주 쌌다고 한다. 그녀는 하나 정도는 갖고 있으면 좋을 것 같아서 큰마음 먹고 다이아몬드를 하나 샀고 사이공의 중국 시장에서 악어가죽 핸드백과 구두를 샀다고 회고했는데,[5] 이영훈이나 일본 극우 역사부정론자는 '위안부'의 고수익 주장을 정해놓고 그녀의 회고를 파편화시키고 선별해 착취하듯이 배치했다.

"구역질나는" 주장이라
부정만 해선 안 된다

일각에서 "구역질나는 책"이라는 반응이 터져나왔다. 《반일 종족주의》야말로 거짓과 망언으로 가득한 책이고 이영훈은 친일파 거짓말쟁이라는 성토가 쏟아졌다. 그런 책에 동조하는 학자, 정치인, 기자 등을 향해 "부역·매국 친일파"라는 날선 비판이 이어졌다. 그러나 이런 비판은 탈진실post-truth 현상—사실의 진위와 상관없이 신념이나 감정이 여론 형성을 주도하는 현상—을 차단하기는커녕 더 휘말려 들어가게 할 뿐이다. 이영훈은 NHK와의 인터뷰에서 이 "공격"에 대해 "그럼 너는 반일 종족주의자"라는 반격이 가능해진 것을 바람직한 변화로 거론했다고 한다. 게다가 자신들을 박해받는 피해자로 위치시키고 있다. 이걸 두고 피해자 코스프레한다며 비웃고 넘기거나 무관심하면 안 된다. 거짓을 발화하는 이영훈의 위치, 《반일 종족주의》책이 놓인 배경과 맥락을 드러내고 그런 거짓 주장을 상대화하는 방향으로 적극적인 논쟁을 시작하면서 그 정체의 민낯을 까발리는 것이 최선이라고 생각한다.

　구체적으로는 반일 종족주의 프레임으로 각색된 이영훈'들'의 시각과 인식, 주장의 재생산을 우파 간 트랜스내셔널한 연대와 네트워킹 현상의 관점에서 세밀하게 분석해야 한다. 반일 종족주의 시각과 프레임으로 선별되고 착취 왜곡된 역사자료에 대해, 생산 맥락을 고려해가며 말을 걸고 자료가 들려주는 풍부하고 맥락적인 이야기를 들어야 한다. 무엇보다 이영훈이 절취하고 왜곡 찬탈한 '위안부' 피해자의 다성적인 목소리를 마주하고 응답해야 한다.

군'위안부' 문제는 일본군'위안부'의 역사에 국한되지 않는다. 악의적인 의도와 비틀린 주장으로 가득한 이영훈의 "우리 안의 위안부"론을 뒤로하고, 우리는 포스트식민과 냉전·분단국가 및 사회와 그 일상에서 군'위안부' 문제가 어떻게 계속되었는지, '위안부' 피해자들이 이중 삼중의 억압을 뚫고 운동을 통해 어떻게 스스로 주체가 되었는지를 풍부하게 드러내야 한다. 그런 시도와 결과가 켜켜이 쌓여갈 때, 《반일 종족주의》라는 '백래시'를 통해 펼쳐지는 부정과 혐오에 반격할 수 있는 가능성이 마련될 것이다.

왜 항일 독립운동을
언급하지 않는가

변은진

《반일 종족주의》는 왜 항일 독립운동을 언급하지 않을까

총 3개 부에 25개 장, 약 400쪽으로 구성된 《반일 종족주의》는 어디에서도 일제강점기의 항일 독립운동에 대해 구체적으로 언급하지 않고 있다. 다만 전체 서술에서 한국인의 '반일' 독립운동의 정서가 지나치게 '과잉'되어 있다고 보는 듯한 뉘앙스만 풍길 뿐이다. 이 책의 전체 주제가 스스로 이름 붙인 '반일 종족주의', 즉 한국인의 민족주의와 관련된 것이라는 점에 비춰 보면, 매우 특이하다. 심지어 20장 〈반일 종족주의의 신학〉에서 본격적으로 이 주제를 다루면서도, 일제강점 아래서 형성된 한국인의 '반일 감정'과 민족운동에 대해 서술하고 있지 않다.

〈반일 종족주의의 신학〉에서는 "보통의 한국인은 일본에 대해 좋은 감정을 가지고 있지 않습니다"라고 화두를 꺼낸다(238쪽). 그러면서 7세기 말 신라의 삼국통일에서부터 그 기원이 형성되었고, 한국인의 '토지 기맥론'이라는 자연관과 조선시대 '유교적 사생관'이 '반일 종족주의'를 형성한 문화적 요인이 되었음을 강조한다. 결론적으로는 서구의 근대민족·민족공동체·민족주의의 형성과는 다르게 한국의 민족주의는 곧 '반일 종족주의'가 본질이라고 설명한다. 그리고 이 본질은 곧 '장기지속의 샤머니즘'에서 나온 것이라는 결론을 도출한다.

이렇게 '종족주의의 신학'이 강한 한국의 민족주의는 "전체주의의 권위이자 폭력"이고 "외부에 대해 폐쇄적이며 이웃에 대해 적대적인 성격을 갖기"(251쪽) 때문에, 한국인이 일본에 대해 좋지 않은 감정을 갖는다고 말하고 있는 것이다. 과연 그것만이 진실일까? 한국인이라면 누구나 다 아는 상식, 즉 조선시대 한일관계의 핵심인 임진왜란(1592)이나 근대 이후 한일관계의 핵심인 러일전쟁(1904) 이후 일본의 한반도 강점과 식민 통치에 대해서는, 〈반일 종족주의의 신학〉에서는 아예 언급조차 하지 않는다. 우리 역사에서 '반일' 문제를 얘기할 때 과연 이 핵심 문제를 완전히 배제하고 논해도 좋은가 하는 점부터 문제가 된다. 아마도 대다수 한국인은 공감하기 어려울 것이다.

'단일민족 신화론' 등으로 대변되는 한국인의 민족 정서에는 종족주의적 성격이 강하다는 점, 그리고 이것이 일제강점기를 거치면서 반일 민족주의와 과잉 결합되어 극단적으로는 국가주의나 국수주의적 경향도 나타났다는 점은 이미 학계에 알려져 있다. 따라서 백번 양보하여 한국인의 종족주의를 '장기지속의 샤머니즘'과 연결시키는 맥락을 일정 부분은 이해할 수 있다고 치자. 그렇더라도 "학문을 직업으로 하는 연구자로서 학자적 양심에 따라" 이 샤머니즘이 근대적인 '전체주의적' 성격으로 전환되는 과정을 탐구하다보면 자연스레 전시체제기 일본의 군국주의와 전체주의의 영향이 엿보일 텐데, 《반일 종족주의》는 어째서 이를 전혀 발견하지 못했을까, 아니면 안 했을까 하는 의문이 생긴다.

필자는 2013년에 《파시즘적 근대 체험과 조선 민중의 현실인식》이라는 책을 출판하면서 〈전시 파시즘기 민중 경험이 8·15 이후 대중 의식에 미친 영향 – '전체주의적' 민족의식의 근대적 기원〉이라는 글로 맺음말을 대신한 적이 있다. 여기서 굳이 '전체주의적 민족의식의 기원'이라 하지 않고 '근대적 기원'이라고 한 이유는, 《반일 종족주의》의 주장처럼 조선 후기까지 한국인의 심성에서도 전체주의적 연원을 찾을 수 있을지 모른다는, 연구자로서의 조심성 때문이었다.

필자의 책의 주된 결론 가운데 하나는, 전시체제기에 '비국민'으로 낙인찍히면서까지 반일 저항을 모색했던 청년세대는 물론 일제강점 이후 태어나 교육받은 이들의 의식세계에는 일정하게 전체주의적 성격이 내재해 있다는 점이었다. 그리고 '식민지+전쟁+파시즘'이 중첩된 당대에 이들의 행위는 반일 민족운동으로 평가될 수 있어도, 반일의 대상이 사라진 8·15 이후 상황에서는 오히려 내재된 전체주의적 성격이 급속도로 발현될 수도 있다는 점이었다. 말하자면, 《반일 종족주의》가 '삼국통일, 토지 기맥론, 유교적 사생관'의 변형을 통해 오늘날 한국인의 민족주의, 즉 '반일 종족주의'가 형성되었다고 주장하기에는, 일제강점기 특히 전시체제기의 너무나 중요한 매개고리를 누락시킨 채 추상적이고 관념적인 주장을 펼친다는 인상을 지울 수 없다.

이상의 점을 차치해두더라도 여전히 남는 핵심 문제는, 왜 '반일'이라는 화두에서 일제강점기 한국인의 반일의식과 저항, 항일 독립운동을 '굳이' 배제시켰을까 하는 점이다. 이 점을 이해해보려고 필자는 2007년에 나온 이영훈의 《('해방전후사의 재인식' 강의) 대한민국 이야기》를 다시 한번 살펴보았다. 총 3부에 17개의 장, 320여 쪽으로 구성된 이 책에서는 총 4쪽의 분량으로 '독립운동의 실태'를 서술하고 있다. 여기서는 "만주 벌판에서 독립군이 일본군과 독자의 힘으로 전투를 벌인 것은 3·1운동 직후인 1920년 한 해였다"고 한다(191쪽). 우리가 잘 아는 봉오동전투와 청산리전투에 대한 얘기이다. 이어서 연해주에서의 비극적인 '자유시 참변'만을 굳이 언급한다. 그러고나서 1930년대 이후 만주와 중국에서 조선인의 활동은 "일본과 중국 간 전쟁의 일환"이었을 뿐이고, 연합국의 승인을 받지 못한 대한민국 임시정부 역시 큰 의미는 없는 '비극적인 현실'이 '엄연한 사실'이었음을 강조한다.

이것이 전부였다. 그래서 깨달았다. 민중의 반일 저항이나 독립운동에 대해서는 잘 알지 못하는구나, 무지의 소치였구나, 그리고 관심의 대상 자체가 아니었구나, 역사 속의 다중, 즉 군'위안부'나 강제동원 노동자 같은 평범한 보통사람들의 움직임과 생각은 애초부터 고민의 대상이 아니었구나.

그런데 《대한민국 이야기》에서는 이런 점들에 앞서 더 '중요한' 두 가지 문제를 언급하고 있다. 10장 〈해방은 어떻게 이루어졌나〉에서 '독립운동의 실태' 앞에 '갑작스런 해방'과 '도움은 어디에서?'라는 질문을 먼저 던졌다. 8·15해방은 갑작스럽게 왔다는 일반적인 내용, 그리고 "우리 민족은 아시아와 태평양의 헤게모니를 두고 일본이 미국과 벌인 전쟁 덕분에 미국에 의해 해방되었다"는 내용이다(188쪽).

다시 말해서 '고맙게도' 일본이 미국과 전쟁을 벌여주지 않았다면,

또 그 '덕분에' 미국이 해방시켜주지 않았다면, 우리 민족은 독립을 꿈꿀 수도 없는 존재라는 인식이 깔려 있다. 이렇게 보면 일본이 벌인 침략전쟁에 일본군 장교가 되어 지휘한 조선인도, 미국의 입장에서 이 일본에 맞섰던 조선인도 모두 참으로 아이러니컬하게도 우리 역사에서 '고마운 위인'으로 자리매김 될 수 있다. 이를 '상생과 공존의 역사 왜곡'이라고 해야 할까? 또 이 시각에서는 일본의 강점과 전쟁을 당연시하는 침략적이고 반反평화적인 역사인식, 그리고 처음부터 한반도 전역을 염두에 두지 않는 분단 당위론적 역사인식도 그대로 배어 있다. 그야말로 '한국판 자학사관'이 아닐까?

어쨌든 문제는 엄연히 존재하는 팩트와 역사인식에 있었다. 이 두 가지는 역사학이라는 학문의 요체이다. 역사학을 공부하는 사람들이 '역사학 입문'에서 처음 접하는 문제가 사실事實과 사실史實의 관계이다. 전자가 팩트와 관련된 문제라면, 후자는 팩트이면서 동시에 역사인식과 결부된 문제이다. 과거의 수많은 사실事實들 가운데 무엇이 사실史實이 되어 기록되고 교육될 것인가는, 옳고 그름의 가치 판단을 담고 있는 역사인식의 문제이기 때문이다. 그러면 《반일 종족주의》가 주요한 대상으로 삼고 있는 전시체제기의 팩트 체크로 들어가 보기로 한다.

팩트 체크:
전시체제기에는 항일 독립운동이 없었는가

이 질문에 대한 답을 찾기 위해 필자는 《일제 말 항일비밀결사운동──독립과 해방, 건국을 향한 조선 민중의 노력》(2018)이라는 책을 펴낸 바 있다. 그동안 덜 밝혀져 있던 항일운동의 외연을 확장한 노력을 인정받아, 부끄럽게도 이 책으로 독립기념관 학술상을 수상하는 영광을 누리기도 했다. 여기서는 이 책의 내용을 중심으로 우리 민족에게 전시체제기가 어떤 의미이고 이 시기 국내외에서 전개된 항일 독립운동의 의미는 무엇인지에 대해 간략히 소개하려 한다.

일제의 침략전쟁과 총력전체제로 대표되는 전시체제기는 한편으로는 일제의 극단적인 침략전쟁과 강압적인 인적·물적 동원의 시기였지만, 다른 한편으로는 조선 민족에게 독립과 신국가 건설의 가능성을 현실화시킨 시기였다. 우리의 입장에서 보면, '제국' 일본의 실패, 즉 '일제 패망'은 한국인의 희망, 즉 '해방과 독립'이 되는 셈이었다. 다시 말해서 전시체제기는 일제강점기 전체에서 독립과 해방의 가능성이 객관적으로 가장 높은 시기였다는 점이 중요하다.

1910년 강제 병합 이래 국내외에서 독립을 쟁취하려고 무수한 노력을 해왔지만 실제로 국내외 정세를 보면 그 가능성이 높았던 시기는 그리 많지 않았다. 1919년 3·1운동 당시 제1차 세계대전 이후 조성된 국제정세를 바탕으로 독립 가능성을 기대했지만, 전승국 대열에 낀 일본의 식민지 조선으로서는 불가능한 일이었다. 하지만 일본이 세계적인 전쟁을 시작하고 종결하는 과정에서 시간이 갈수록 패전 가능성이 높아져간 제2차 세계대전의 시기는 달랐다. 일본이 추축 국의 중심에 나서서 미·영·소·중과 맞서는 상황은, 이 전쟁의 결과에 따라 조선의 운명이 바뀔 수 있는 시기였다. 그래서 국내외 독립운동 진영에서는 모두 이 정세를 활용하여 일제가 패망하는 순간이 멀지 않았음을 예견하고 주체적으로 독립을 쟁취하려고 노력했다. 이것이 전시체제기 항일 독립운동의 핵심 내용이다.

그런데 일반적으로는 1945년 8월 15일의 독립과 해방을 '연합국 진영의 승리'라는 외적 상황이 가져다준 산물로 이해하는 경향이 많다. 그리고 이 때문에 독립과 해방을 언급할 때 '주어진' 또는 '타율적'이라는 수식어를 종종 붙여왔다. 앞서 살펴본 《대한민국 이야기》에서 '갑작스런 해방'과 '도움은 어디에서?'에서 서술한 내용도 약간은 유사한 맥락이다. 이러한 '타율적 해방론'은 당대의 세계사적 진실을 일정하게 반영하고 있고, 패전국 일본의 식민지인 조선의 경우 특히 그러했다. 그리고 이러한 사실은 또 다른 역사적 조건이 되어 이후 한반도의 현대사를 규정해왔던 것도 사실이다.

하지만 독립과 해방을 이렇게만 보는 것은 엄연히 사실事實로 존재했던 사실史實의 또 다른 측면을 간과하고 있는 것이다. 흔히들 역사는 객관적 조건과 주체적 노력이 어우러져 변화 발전해온 것으로 이해한다. 비록 여러 한계가 있었다 할지라도 3·1운동 이래 국내외 항일운동, 특히 일제 말 전시체제기에 국외의 항일 독립운동 세력이 중국·미국·소련 등 연합국 측에 합류하여 끝까지 일제의 침략전쟁에 맞서지 않았더라면, 한국 현대사의 방향은 더 어렵게 흘러갔을지도 모른다. 이는 당시 미국·소련 측 문헌들을 대상으로 한 연구들을 통해 어느 정도 파악된 바다.

이렇게 전시체제기에 조선인의 다수는 미·중·소 등 연합군의 일원이 되어 일본에 맞서 항일 독립운동을 벌였다. 이를 단순히 "일본과 중국 간 전쟁의 일환"이었을 뿐이라고 치부하는 것은 일본사나 중국사 서술에서나 가능한 일이다. 어쨌든 이러한 흐름과 달리 또 다른 조선인의 다수는 자의든 타의든 일본군이 되어 침략전쟁에 '기여'했다(동원되었다). 일제의 피식민지라는 조건으로 인해 같은 민족 내에서 서로 총을 겨누는 비극적인 상황이 연출되었던 것이다. 이러한 양면적 상황에서 전자의 활동조차 없었더라면, 또 3·1운동을 통해 전체 조선인의 독립 의지를 분출시킨 경험이 없었더라면, 카이로회담 이래 연합국의 전후 처리 논의과정에서 '패전국 일본의 식민지'인 조선을 '당연히 독립시켜야 한다'는 인식이 도출되기는 쉽지 않았을 것이다. 물론 연합국의 전후 처리에서 유리한 입지를 확보할 목적으로 국내외에서 항일 독립운동을 벌인 게 아님은 앞서 언급한 대로다. 이 시기 국제정세의 팩트 자체가 그러했다는 것이다.

일제 말 전시체제기에 국내외 독립운동 진영에서는, 당면한 전쟁이 장기화하면 결국 일제는 경제력과 군사력 부족으로 연합국에 패망할 것인데 이렇게 일제가 패전 국면으로 치닫는 '결정적 시기'가 바로 조선이 독립을 쟁취할 수 있는 절호의 기회라는 인식이 일반화되어 있었다. 이에 따라 독립의 방략은, 이 결정적 시기에 해외에서 무장력을 키운 독립군이 국내로 진격해 들어오면 민중들이 이에 호응해 함께 무장봉기를 일으켜 일제 권력을 몰아내고 자주적으로 독립을 쟁취한다는 것으로 통일되어 있었다. 이러한 인식은 국내외라는 지리적 여건, 사회주의·자본주의 등 이념의 차이를 넘어 공동의 방략으로 자리 잡았다.

이 시기 국외에서 일제에 맞서 무장 독립운동을 전개하고 민족통일전선을 강화해가던 세력은 셋이 있었다. 1930년대에 줄곧 만주에서 항일 무장투쟁을 전개하다가 일제에 쫓겨 1940년 이후 소련으로 건너간 동북항일연군과 조국광복회 세력, 중국 화북 지역에서 일본군과 맞서 전투를 벌이던 조선의용군과 조선독립동맹 세력, 중국 관내에 있던 한국광복군과 대한민국 임시정부 세력이었다. 그리고 일제 패망이 가까워질수록 이들은 임시정부를 중심으로 통일전선의 움직임을 보였다. 임시정부는 1941년 12월 태평양전쟁이 일어나자 곧바로 1942년 1월에 이를 "조국 독립을 위해 우리에게 주어진 최후의 기회"로 보고 전 조선인이 일치단결하여 항전할 것을 호소하는 대일 선전포고를 발표했다. 또 〈건국강령〉(1941. 11)이나 〈대한민국 임시헌장〉(1944. 4) 등을 통해 독립 이후의 국가 건설을 위한 건국 방략을 일치시켜갔다. 그 기본적인 내용은 대규모 생산기관, 즉 토지·어업·광업·은행·전신·교통기관 등을 국유화하고, 일본인·친일파 소유의 자본과 토지를 몰수하여 무산자를 위한 국영·공영기관에 제공하며, 토지의 상속과 매매를 금지하는 등을 내용으로 하는 '민주공화국의 건설'이었다.

이와 같이 국외 독립운동 진영에서 '일제 패망 인식'을 굳건히 하면서 독립·건국의 방략을 통일시켜간 것은, 당시 국내와 일본에 있던 민중들 특히 소규모 비밀결사운동을 모색하던 청년·학생들에게 영향을 미쳤다. 말하자면 국내와 일본에는 강압적인 통제와 강제적

〈일제 말 항일 비밀결사운동의 지역별 조사 건수〉

국내	중부(67건)	서울	46건
		경기도	11건
		강원도	10건
	남부(81건)	경상남북도	42건
		전라남북도	29건
		충청남북도	10건
	북부(51건)	평안남북도	22건
		함경남북도	20건
		황해도	9건
	소계		199건
일본	간토關東(102건)	도쿄東京	92건
		그 외 지방	10건
	간사이關西(36건)	오사카大阪	17건
		교토京都	12건
		효고현兵庫縣	7건
	주부中部(11건)	나고야名古屋	4건
		그 외 지방	7건
	서남일본(11건)	규슈九州	7건
		주고쿠中國	4건
	동북일본(9건)	도호쿠東北	1건
		홋카이도北海道	5건
		사할린樺太	3건
	소계		169건
총계			368건

* 출처: 변은진, 《일제 말 항일비밀결사운동 연구 - 독립과 해방, 건국을 향한 조선 민중의 노력》, 선인, 2018, 67~68쪽.

인 동원으로 점철된 일제의 총동원체제 아래에서 숨죽이고 있거나 반일 저항을 모색하던 다수의 민중들이 있었고, 이 가운데 일부는 '결정적 시기 무장봉기'를 준비하고 있었던 셈이다. 일부 청년들은 만주나 중국으로 가서 조선인 무장부대에 합류하거나 지원병·학병·징병에 참여했다가 탈출하려는 꿈을 실행하기도 했다. 이것이 여의치 않으면, 국내와 일본에서 비록 소규모의 보잘것없는 형태라도 항일 비밀결사를 조직해 머지않아 다가올 독립과 건국에 대비하려 했다. 이러한 다수 민중의 노력을 역사 서술에서는 어떻게 평가해야 할까? 그냥 스쳐지나가기만 해야 할까?

1937년 7월 중일전쟁 이후부터 1945년 8·15까지 국내와 일본에서 청년층을 중심으로 소규모 항일 비밀결사를 결성하려 한 운동은 국내 199건, 일본 169건으로 총 368건의 사례가 확인되었다. 물론 이게 전부는 아니다. 이는 어디까지나 당시 일제 경찰에 붙잡혀서 조그마한 단초로 그 기록이 남아 있는 것들에 불과하다. 필자가 2018년에 책을 낸 이후에도 서너 건을 더 확인했듯이(앞의 총계는 이를 포함하지 않은 수치임), 이에 대한 발굴 자체가 현재진행형이다. 항일운동사는 과잉 해석되고 과잉 평가된 게 아니라 여전히 덜 밝혀지고 미평가된 역사인 것이다.

어쨌든 총 368건의 사례만 봐도 당시 소규모 항일 비밀결사운동은 한반도 전역과 일본 본토, 사할린에 이르기까지 조선인이 거주했던 거의 모든 지역에 그 흔적을 남겼다. 비록 비밀결사의 조직단계에 이르지 못하거나 오랜 기간 활동하지는 못하고 체포되었다 해도, 그 양적 규모와 지속성은 무시할 수 없을 정도이다. 학생·노동자·회사원 등 평범한 다수의 청년들이 자발적으로 주도한 소규모 항일 비밀결사운동은 전시체제기 국내와 일본 지역 항일 민족운동의 전형적인 형태였다.

그러나 실제로 1945년 8월 15일 일제의 '무조건 항복' 시점에서는 이러한 계획과 바람대로 국외의 군사력이 합세하여 국내로 들어올 수도 없었고, 이에 호응하여 민중들이 '일거에' 봉기를 일으킬 수도 없었다. 이 시기 국외 독립운동이나 항일 비밀결사운동 참가자들의 바람대로 일제가 패망하는 바로 그 순간에 국내외가 호응하는 민중의 무장봉기를 통해 완전한 자주독립을 쟁취하기에는 역부족인 것도 현실이었다.

오랫동안 일제의 강점 아래 있던 식민지 조선의 입장에서 가장 이상적인 독립의 방략, 즉 최선의 방책은 '자력에 의한 독립과 국가 건설'이었다. 하지만 현실은 임시정부 등 독립운동 세력의 끊임없는 요구에도 불구하고 연합국에서는 대한민국 임시정부를 승인하지 않았고 조선인의 독자적인 군사력도 인정하지 않았다. 이에 국외의 3대 군사력은 모두 연합국의 일원으로 참전하여 항일 독립운동을 전개하는 차선책을 택할 수밖에 없었다. 이러한 노력은 일찍이 1943년 11월 카이로선언에서 "조선의 자유와 독립을 보장"한 데서 알 수 있듯이, 제2차 세계대전 종전과정에서 조선의 독립이 보장되는 데 크게 기여했다는 점에서 일정한 의미가 있다.

그런데 문제는 이 과정에서부터 이미 전후 세계질서에서 미·소를 중심으로 한 냉전 대립의 조짐이 나타났다는 점이다. 객관 정세로만 본다면, 일제 패망 후 한반도의 분단 가능성은 종전 직전부터 잉태되어 있었다. 그리고 8·15해방이 되자마자 미·소의 남북 분할 점령이라는 현실로 나타났다. 이러한 상황에서 오랜 염원대로 통합된 근대 국민국가를 수립하기 위해서는, 제2차 세계대전기에는 독립운동 세력이 단일한 통일전선을 구성하여 연합국의 승인을 받음으로써 분단을 방지하려는 노력이, 그리고 해방 공간에서는 미·소의 세력 균형을 유도하여 국제 공동 관리안을 통해 한반도를 중립화함으로써 분단을 방지하는 등의 노력이 필요했다. 하지만 8·15 전후 국내외 독립운동 세력은 이를 성공시키지 못했고, 통일된 국민국가 수립이라는 과제는 미완으로 남게 된 것이다.

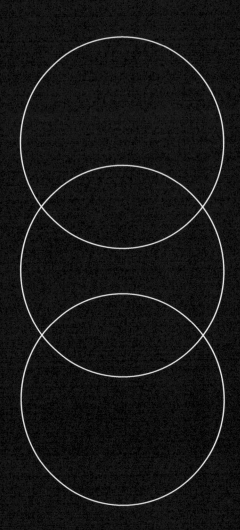

청구권협정과
'글로벌 스탠더드'

조시현

재판 자체에 대한
잘못된 이해

《반일 종족주의》 첫머리에서 이영훈은 강제동원에 관한 2018년 10월 30일 대법원의 판결을 검증되지 않은 원고들의 주장을 받아들인 "엉터리 판결"이라고 비난하고 있다. 이러한 "거짓말의 재판"은 "20세기 전반 일본이 한국을 지배한 역사"에 관한 한국인의 잘못된 통념과 "이웃 일본을 세세의 원수로 감각하는 적대 감정"으로 가득찬 반일 종족주의 때문이라고 한다.

이 자칭 "역사가"는 이 재판의 핵심 쟁점을 임금 미지급이라고 파악하고 있다(17쪽). 그러나 이 판결에서 대법원은 "우선 이 사건에서 문제되는 원고들의 손해배상청구권은, 일본 정부의 한반도에 대한 불법적인 식민 지배 및 침략전쟁의 수행과 직결된 일본 기업의 반인도적인 불법행위를 전제로 하는 강제동원 피해자의 일본 기업에 대한 위자료청구권 ……이라는 점을 분명히 해두어야 한다. 원고들은 피고를 상대로 미지급 임금이나 보상금을 청구하고 있는 것이 아니고, 위와 같은 위자료를 청구하고 있는 것이다"라고 재판의 쟁점을 밝히고 있다. 즉 이 사건에서는 일제가 당시 조선 사람들을 강제로 동원한 것에 대해 불법한 행위로서 손해배상을 해야 하는가가 문제된 것이다. 이영훈은 재판에서 무엇이 문제가 되었는지 제대로 파악하지도 못하는 것이거나 아니면 의도적으로 중대한 인권침해 문제를 임금 지급 문제로 바꿔치고 있는 것이다.

그는 또한 대법원이 검증되지 않은 진실을 인정했다고 비난하는데 법원은 역사를 쓰는 곳도, 어떤 전지적인 차원의 진실을 규명하는 곳도 아니라는 점을 알아야 한다. 대법원이 보인 역사인식을 비판하기 위해서는 먼저 재판이 무엇인지부터 알고 얘기해야 순서일 것이다. 강제동원과 관련된 역사적 진실에 관한 논의는 이 책의 다른 부분에 맡기고 여기서는 법률론에 해당하는 주익종의 주장을 골자만 살펴보자.

청구권협정에 관한 이른바 '팩트'의 진실

주익종은 《반일 종족주의》에 〈애당초 청구할 게 별로 없었다—청구권협정의 진실〉이라는 제목의 글을 싣고 있다. 여기에서 그는 "일본이 제대로 배상·보상을 하지 않았고 그래서 한국은 더 청구할 게 있다는 인식"은 틀렸고, "애당초 청구할 게 별로 없었으며 한일협정으로 일체의 청구권이 완전히 정리"되었고 "이게 팩트"라고 한다(115쪽).

주익종은 이러한 주장을 뒷받침하기 위하여 협정 체결 교섭의 경위를 검토한다. 당시 식민 지배 피해에 대한 배상은 받을 수 없었으니 청구권협정은 "민사상 재산권과 채권을 상호 특별 조정하기 위한 것"이라고 이해한다. 결국 청구권협정은 배상 문제를 다루지 않았다는 셈이 되는데 청구권협정으로 모든 게 해결되었다는 사람들의 주장과는 약간 차이가 나는 대목이다.

어쨌든 그의 주장은 박정희 정부의 외교가 굴욕, 매국이 아니었다는 점에 방점이 찍힌다. 애당초 얼마 안 되는 청구권 자금보다 "훨씬 더 큰 경제협력 자금"을 받았으니 "양국 간 최선의 합의였다"고도 한다. 또한 "징용 노무자의 정신적 피해 보상 문제는 당초부터 청구하지 않기로 한 것"이고, 국회가 비준 동의한 청구권협정에 대한 이러한 해석을 역대 한국 정부도 준수해왔는데 2018년 대법원이 뒤집었으니 잘못이라고 한다. 결론에서 그는 1965년 청구권협정으로 "과거사가 청산되었음을 인정하라"고 하면서 끝난 일인데 떼쓰는 종족이란 인상을 만들려 한다. 그의 글은 청구권협정의 역사에 대한 객관적인 서술이 아니라 특정한 정치세력 옹호를 위한 또 하나의 협정 해석론에 불과하다.

청구권 문제 해법 논의는 현재진행형

주익종의 주장은 사실 새로운 게 아니다. 이른바 청구권 문제라는 것은 해방 후 일본과 국교 정상화 교섭 중에 논의되기 시작하여 1965년

'대한민국과 일본국 간의 재산 및 청구권에 관한 문제의 해결과 경제협력에 관한 협정'이 체결되기에 이르렀지만 피해자들의 배상 요구는 해방 직후부터 지금까지 계속 제기되고 있다. 그동안 이 문제에 대해 역대 한국 정부와 일본 정부는 이런저런 입장을 취해왔고 일본의 판결들도 강제동원 피해자들의 청구를 모두 기각하면서도 같은 입장을 보인 것은 아니었다.

2012년과 2018년의 대법원 판결들은 이러한 논란을 검토하면서 주익종 식의 주장을 물리치고 피해자들의 손해배상 청구권이 청구권협정의 적용 대상에 포함되지 않는다고 판단하였다. 이러한 대법원 판결에 대해 일본 정부는 한국이 국제법, 즉 청구권협정을 위반하였다고 주장하며 한국 정부가 책임질 것을 요구하고 있다. 결국 청구권 문제는 주익종의 주장대로 "정리되었다"라는 직설법 과거가 아니라 해법 논의가 계속되는 현재진행형인 것이 분명하다.

2012년의 대법원 판결을 전복시키기 위해 박근혜 정부가 사법부에 개입한 것이 2018년 대법원 판결에 대한 비난 움직임으로 이어지고 있는 현실은 해방 이후 외교와 학문권력의 형성과정에서 엿보이는 정권과의 유착을 들여다보며 탈식민 과제를 수행해야 하는 필요성을 잘 보여준다.

"최선의 합의"
―박정희와 청구권협정의 신화화

청구권협정은 국제법이 규율하는 조약에 속하고, 조약은 국가 간의 합의로 준수되어야 한다. 그러나 인간이 만든 모든 것이 그러하듯이 국제법도 변하며 어떤 조약이라도 역사 속에서 생성, 소멸된다. 어떤 조약이 오늘의 현실에 맞지 않는다면 개정되거나 폐기되고 새로운 조약으로 대체되기도 하는 것이다. 아니라면 고대 히타이트의 조약들, 아니 한일병합 조약도 여전히 유효할 것이다. "최선의 합의"란 얘기는 현상에 대한 변명일 따름이다.

모든 텍스트가 그러하듯 조약도 해석의 대상이 된다. 국가는 합의한 한도에서 자신이 맺은 조약에 구속된다. 어느 부분을 합의했는가 하는 것은 당사자인 국가의 의사 또는 의지가 무엇이었는지 확인하는 작업으로, 조약 해석의 문제로 귀착된다. 국제법에서는 일반적으로 주권자인 국가가 전면에 나서고 정부는 국가의 대행자일 뿐이다. 이승만 정부 이래 역대 정부들은 청구권 문제에 대하여 내부적인 입장 차이도 있고 다양한 견해를 보였는데 특정 정부의 해석이 곧바로 국가의 의사라고 단정할 수는 없다. 협정의 체결에서 해석에 이르기까지 관통하는 주권자의 의사가 갖는 함의를 주목해야 한다. 국내 차원에선 국민이 주권자가 아니던가.

정부와 사법부의 입장은 향후 국가의 행동 방향을 일차적으로 결정하기 때문에 중요하다. 주익종과 같은 이들은 한국 대법원이 청구권협정 해석을 하지 말고 자제했어야 한다고 한다. 그러나 한국 헌법에서 조약은 국내법과 같은 효력을 가지고 있으며 법률과 마찬가지로 조약에 대한 해석은 법원이 늘 해오던 일이다. 일본의 재판소들도 이 협정을 적용하였고 그에 대한 해석을 한 바 있다. 또한 한국의 경우 법원은 정부의 해석에 구속되지 않는다. 또한 조약 해석은 어느 시점 또는 그 조약을 체결한 당시 정부의 해석에 고착되지도 않는다.

일제 민법도
불법행위에 손해배상 인정

주익종은 또 "국제법, 국제관계에 식민 지배 피해에 대한 배상 같은 건 없었습니다. 한국이 배상받으려고 해도 그렇게 할 수 없었습니다"(126쪽)라고 주장한다. 배상의 선례가 없었으니 배상받을 수 없었다는 의미라면 선례가 없었다고 하여 그에 관한 국제법이 없었다고 말할 수는 없다고 반박할 수 있다. 선례가 없었다고 법이 없다고 할 수는 없다. 해야 할 일은 선례를 만들어 법이 무엇인지 확인하는 일이다. 대법원의 판결은 식민 배상을 명한 것은 아니지만 식민 지배의 불법성과 식민 지배하의 불법행위에 대한 책임 문제를 다룬 선도적인 판례 또는 법적 실천이라고 할 수 있다.

《반일 종족주의》 필자들이 일제하에서 재산권이 보장되었음의 근거로 드는 것이 〈조선민사령〉이다. 이는 총독의 명령이란 형식으로 일본의 민법을 조선에 빌려 썼던 것이다. 〈조선민사령〉조차 현재 한국의 민법처럼 불법행위에 대한 손해배상을 인정하였으니 이게 "팩트"이다. 이러한 손해배상 문제를 다루는 것이 "식민 지배 피해에 대한 배상"을 하는 출발이라고 할 수 있다.

일본의 패전 이후 1951년 샌프란시스코 평화조약에서건 1965년 한일협정에서건 식민 배상을 받을 수 없었으니 지금도 할 수 없다는 논리가 서는 것은 아니다. 문제를 제기하는 것이 중요하고 그가 그럴 수 없었다고 말하는 것은 거꾸로 식민 배상 문제가 처리되지 않았다는 반증이라고 할 수 있다.

진짜 "글로벌 스탠더드"란

그는 또한 청구권협정을 통해 일본과의 과거사가 청산되었음을 인정하는 것이 "글로벌 스탠더드"라고 글을 맺고 있다. 그러나 오늘날 세계적인 조류는 거꾸로 식민 지배와 식민지 범죄에 대한 사죄와 배상을 인정하는 것이라고 할 수 있다. 전후 민족자결주의는 계속 발전하고 있으며 2001년 유엔의 더반Durban선언은 식민주의의 고통과 피해는 물론 범죄성을 공인한 바 있다. 유엔 인권이사회의 진실·정의·배상·재발방지 특별보고관은 과거사 정리작업의 중심 역할을 하고 있다. 한국과 일본 말고도 이탈리아와 리비아, 영국과 케냐 및 인도, 네덜란드와 인도네시아, 독일과 나미비아, 프랑스와 알제리, 스페인과 멕시코, 카리브해 국가들과 구 종주국들 사이에 식민 지배 아래 발생한 각종 반인도적 범죄에 대한 사죄와 배상 요구가 이루어지고 있으며 일부 성과도 나오고 있다.

청구권협정의 진실은 협정으로 전쟁 배상도 식민 배상도 이뤄진 것이 아니라는 데에 있다. 식민지하의 범죄와 불법행위에 대한 배상은 언급되지도 않았다. 대법원 판결로 초점이 된 강제동원 문제는 이러한 세계사적 흐름 속에서 해결되어야 할 것이다.

샌프란시스코 평화조약의 의미

주익종은 식민 배상을 받을 수 없는 이유로 1951년의 샌프란시스코 평화조약을 들고 있다. 이 조약이 담고 있는 한국 관련 조항들 가운데 제4조는 한국을 포함한 지역에 있는 일본의 재산과 청구권의 처리는 일본과 해당 당국과의 특별 조정(또는 협정/협의special arrangements)으로 한다고 규정한다. 이 조항은 청구권협정 제2조에서 언급되었다. 그의 논리는 미국 중심의 연합국들과 일본 사이에 조약으로 한국의 경우 재산 및 청구권 문제로 다루도록 했으니 한일 사이의 문제들은 이 틀 안에서만 해결해야 하고 식민 배상은 불가능이라는 것이다.

주익종은 샌프란시스코 조약 제14조에서 연합국이 자국과 그 국민의 청구권을 포기한 것만을 지적하고 포기 이전에 일본이 전쟁 배상 책임을 져야 함을 명기한 사실을 빠뜨리고 있다(116쪽). 제14조는 이 조약의 제5장 '청구권과 재산'에 포함된 조항으로 전쟁 배상 문제를 먼저 다루고 있다. 제14조 (a)는 첫머리에서 "일본은 연합국에게 전쟁 중에 일본에 의해 야기된 손해와 고통에 대하여 배상금reparations을 지불해야 한다는 점을 승인한다"고 되어 있다.

청구권협정은 '청구권'이 구체적으로 무엇인지 정의하지 않는다. 협정과 합의 의사록이 언급하는 '한국의 대일 청구 요강', 소위 대일 청구 8항목 어디에도 "전쟁", "손해와 고통", "배상" 등의 표현이 없다. 청구권협정 제1조는 무상 3억 달러의 제공과 2억 달러 유상차관을 말할 뿐 '배상금'이란 단어가 없다. 이를 두고 유엔의 전시성노예에 관한 특별보고관은 청구권협정은 금전 배상이 아니라 좋게 말해 경제협력, 즉 경제원조를 한 것일 뿐이라고 하기도 했다. 주익종은 그게 최선이었다고 말하지만 배상 문제는 해결되지 않은 것이다.

한국은 제14조의 적용 대상이 아니므로 전쟁 배상 역시 받을 수 없다는 말들도 있다. 그러나 국제법 차원에서 주목할 것은 한국은 이 조약의 당사국이 아니므로 구속되지 않는다는 점이다. 또한 청구권협정이 샌프란시스코 평화조약 제4조를 언급한 것을 놓고 배상 문제는 아예 다룰 수 없었다고 하는 것도 궁색하다. 1949년 이승만 정부는 '대일 배상 요구조서'를 작성하기도 했다. 연합국이 일본과 어떻게 하자고 합의했든 한국은 주권국가로서 청구권 문제와 별도로 일본을 상대로 일본의 침략전쟁과 불법한 식민 지배로 발생한 손해와 고통에 대하여 배상을 요구할 권리가 있었음을 부정할 수 없다. 그러한 권리를 역대 정부가 관철시키지 않았다거나 혹은 좌절되었다고 하여 그러한 권리의 존재가 사라지는 것은 아니다.

청구하지 않았다 해도
권리 포기는 아니다

청구권협정을 체결하는 과정에서 또한 대일 청구요강 8개 항목에서 "피징용자의 미수금과 보상금"이 언급되긴 했다. 이 대목에서 일본의 외무성을 포함하여 흔히 호출되는 외교문서가 1961년 5월 12일 제5차 한일회담 예비회담의 일반청구권소위원회 제13차 회의록이다(동북아역사넷 검색 자료). 하지만 이 회의에서는 쌍방의 입장이 교환되기 시작했을 뿐 후속 회의에서 '징용' 문제는 더이상 다루어지지 않았고 어떤 합의가 있었다고 하기 어렵다. 이 문제가 끝난 것으로 결론 내려야 한다는 주익종(또는 아베 식의)의 강박관념은 그로 하여금 "징용 노무자의 정신적 피해는 당초부터 청구하지 않기로 한 것"(126쪽)이라는 주장으로 이끈다. 그가 무엇으로 이 주장을 뒷받침하고 있는지는 책에는 나타나지 않는다.

결국 과연 이들이 누구인지, 어떤 일을 당했는지, 보상금에 불법행위로 인한 손해배상금이 포함되는지 여부 등에 대하여 구체적으로 정해진 바가 없이 두 나라 사이에 협정이 체결되었다. 이에 따라 피해자들은 협정이 맺어진 이후에도 자신들의 권리를 계속 주장해야 하는 처지가 되었고 이들의 노력으로 2018년의 대법원 판결을 낳게 되었다. 이러한 점들이야말로 강제동원 문제에 관한 주요한 사실들이라고 할 수 있다.

'끝났다'는 논리는 피해자들을 윽박지르며 가만히 있을 것을 강요하는 셈이다. 만에 하나 그의 주장대로 청구하지 않은 것이 사실이라

하여도 법적으로는 그러한 사실에서 권리의 포기라는 결론을 내릴 수는 없다. 권리를 포기한다면 명확하게 포기한다는 의사 표시가 있어야 한다. 국제법에는 외국에 대하여 자국민을 보호하기 위한 외교적 보호제도가 있다. 이는 국가의 권리로서 이를 포기한다는 것은 국가이기를 포기한 것과 마찬가지이다. 징용 노무자의 피해 배상을 요구하지 않았다면 이는 당시 정부가 그 권리를 행사하지 않았을 따름이고 나중의 정부가 피해자의 요구를 받아들여 얼마든지 대응할 수 있는 것이다.

반일 종족주의 논란의 핵심에는 1904년 내지 1910년부터 1945년까지 한반도의 역사가 놓여 있다. 일본제국주의의 반인도성의 상징이 일본군'위안부'와 강제동원 문제이다. 이 두 문제는 한국 사법부의 판단에 따르면 청구권협정에서 다뤄지지 않았고, 유엔 인권기구와 국제노동기구에서도 일본의 책임있는 조치를 요구하고 있다. 전 세계적으로 탈식민주의의 물결이 높아지고 있는 지금 지난 시간들의 의미가 어디로 흐르는지 직시해야 한다.

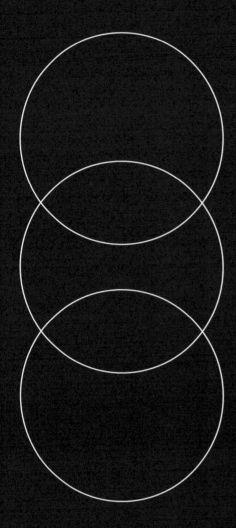

독도를 역사적 현실로서
이해하기

허영란

역사와 더불어 이해한다는 것

봄꽃들이 피어 있는 멋진 들판이 있다. 그러나 그곳이 피비린내 나는 학살의 현장이었다는 사실을 알게 된다면, 그 들판에서 평화와 아름다움만을 노래하기는 어려울 것이다. 그것은 마치 불발탄이 묻혀 있는 들판에서 천진난만하게 뛰어노는 것과 비슷하다. 한 공동체가 겪어야 했던 역사적 아픔을 함부로 다루는 것은 그만큼 위험한 일이다.

일본제국주의의 한반도 강제 병합을 말하지 않고 독도가 한국과 일본 어느 나라의 영토인지 논할 수 있을까. 친일파 청산이나 탈식민주의가 거론되는 것은 강요된 식민지 경험 때문이다. 더욱이 일본의 식민주의적 인식이 종식되지 않았을 뿐만 아니라 더욱 공격적으로 부활하고 있는 현실이, 독도 문제를 양국 간의 주요 현안으로 밀어올렸다.

한국과 일본은 모두 독도를 고유 영토라고 주장한다. 그러나 독도를 둘러싼 한국과 일본의 상황은 다르다. 한국은 해방 직후부터 독도에 경비대를 파견하여 관할하고 있으며, 오늘날 한국민은 언제든 자유롭게 독도를 방문할 수 있다. 일본은 교과서에서, 외교청서에서,

국방백서에서 다케시마(독도)가 고유 영토라고 주장하지만, 한국 정부의 허가 없이는 독도에 접근할 수조차 없다.

한국 정부로서는 독도의 자연환경을 보호하고 평화롭게 관리하는 것으로 충분하다. 일본 정부는 그런 상황에 균열을 내기 위해 다케시마 영유권을 주장하고 국제사회를 향해 선전전을 펼친다. 한국 정부가 그런 도발에 대응하면 할수록 국제사회에는 독도가 분쟁지라는 이미지가 확산된다. 현상을 유지 관리하면서 일본의 책동을 무시하면 무능하다는 국민적 비판이 끓어오른다. 그렇게 해서 독도는 일본의 도발을 막아내야 할 민족주의의 상징, 탈식민의 최전선이 되었다. 이런 상황을 만든 주역은 다름 아닌 일본 정부이다. 그들이 노리는 것은 독도가 계속 분란의 중심에 있는 것이다. 국제사회로 하여금 독도에 대한 한국의 실효적 지배에 의구심을 갖게 만들 수 있기 때문이다.

우산도는 환상인가

만일 독도 문제의 본질이 영유권을 둘러싼 역사적 진실이라면 그 역사적 진실을 명명백백하게 밝히면 될 일이다. 그런데 과거의 기록은 풍족하지 않고 단순 명료하지도 않아서 전문적 해석을 필요로 하는 경우가 많다. 그래서 역사학이라는 학문이 개입한다. 어떻게 해석할 것인가.

한국 정부의 주장은 비교적 단순하다. 신라 이사부가 우산국을 복속시켰을 때 그 범위에 독도가 포함되어 있었다. 울릉도에서는 독도가 보이므로 우산국 사람들은 독도의 존재를 알 수 있었다. 조선 초기 기록인 《세종실록》〈지리지〉에는 "우산, 무릉……두 섬은 서로 멀리 떨어져 있지 않아서 날씨가 맑으면 바라볼 수 있다"고 되어 있다. 여기서 우산은 독도이며 무릉은 울릉도이다. 우산도가 울릉도 바로 옆에 있는 죽서도라면 "날씨가 맑으면"이라는 단서를 붙일 필요가 없었을 터이니, 우산은 독도를 가리킨다. 이처럼 고대로부터 울릉도와 함께 독도는 한반도의 부속 섬이었으며 해방 이후 일본의 지배에서 벗어나 다시 대한민국 영토가 되었다.

일본 측 주장을 요약하면 우산도는 독도가 아니라는 것이다. 실제로 조선시대의 여러 문헌이나 고지도에서 '우산도=독도'로 보기 어려운 다양한 사례들이 존재한다. 그런데 조선시대의 문헌과 고지도는 15세기부터 19세기에 걸쳐 수백 년 동안 작성된 것이다. 그 속에는 울릉도나 독도에 대한 여러 시기의 정보들이 혼재되어 있다. 안용복 사건을 계기로 수토사를 파견한 조선 후기에는 조정에서 획득한 정보가 좀 더 구체화되었다. 그 덕분에 혼란이 불식되기보다는 반대로 일관성이 부족한 다양한 정보들이 축적되었다. 특히 조선 왕조의 해금정책은 도서와 해양에 대한 정보 획득을 어렵게 만들었다. 그래서 일본 측은 주로 우산도에 대한 혼란스러운 지도와 부정확한 기록을 주장의 근거로 제시하고 있다.

그러나 한국의 주장을 뒷받침하는 기록 역시 확인된다. 예를 들면, 일본에서 작성된 것으로 1696년 안용복이 2차 도일 당시의 기록에 울릉도와 독도가 강원도에 소속된 섬이라고 명기되어 있다. 즉 〈원록 9병자년조선주착안일권지각서元祿九丙子年朝鮮舟着岸一卷之覺書〉에 "강원도, 이 도道 안에 다케시마竹島(울릉도)와 마츠시마松島(독도)가 있다"
고 되어 있는 것이다.

19세기 초에 간행된 《만기요람》에는 "《여지지輿地志》에 이르기를, '울릉鬱陵과 우산于山은 모두 우산국于山國의 땅이다. 우산은 왜倭가 말하는 송도松島이다[輿地志云 鬱陵于山皆于山國地于山則倭所謂松島]"라는 기록이 나온다. 여기서 송도는 독도를 가리킨다. 울릉도와 우산도(독도)가 우산국의 땅이라는 인식은 현대에 만들어진 것이 아니라 조선 후기 기록에서 일찍이 확인되는 것이다.

문헌이나 고지도에 나오는 모든 우산도가 곧 독도를 가리킨다고 볼 수는 없다. 즉 우산도는 한국 땅이고 독도는 우산도이므로 독도 역시 한국 영토라는 식의 삼단논법은 성립하지 않는다. 그렇다고 해서 '우산도=독도'라는 주장이 전적으로 허구라는 선동 역시 잘못된 것이다. 수백 년 동안 이루어진 우산도를 둘러싼 정보와 인식의 변화를 정치적 주장을 위해 왜곡해서는 안 된다.

"울릉도와 독도가
조선에 속하게 된 사정"

일본 측 사료도 장기간의 역사 속에서 다양한 변이를 보인다. 그런데 한국 측 사료는 기본적으로 '울릉도와 우산도는 한국 영토이다'라는 내용을 중심으로 해서 변이를 보인다. 물론 우산도를 독도라고 단정 짓기 어려운 사례도 있다. 반면 일본 측 사료에서는 '다케시마(울릉도)와 마츠시마(독도)는 일본 영토가 아니다'라는 내용이 거듭해서 확인된다.

일례로 1870년 일본 외무성의 보고서 〈조선국교제시말내탐서朝鮮國交際始末內探書〉에는 '다케시마, 마츠시마가 조선에 속하게 된 사정'이라는 내용이 포함되어 있다. 메이지 유신 직후 새롭게 조선과의 외교관계를 정립하고 국익을 도모해야 하는 상황에서, 일본 정부는 울릉도와 독도가 조선에 속하는 것으로 인식하고 있었던 것이다.

또 1877년에 당시 일본의 최고 통치기관인 태정관에서 내린 지령에는 "다케시마竹島 외 일도一島는 일본과 관계가 없다"라고 명기되어 있다. 이 문서에 첨부된 지도[기죽도약도]에는 '다케시마 외 일도'가 울릉도와 독도를 가리킨다는 사실이 명확하게 표기되어 있다.

이상의 기록에서 알 수 있듯이 19세기 말 일본 정부 역시 울릉도와 독도를 묶어서 하나의 단위로 인식했다. 그러나 서구 열강의 압박 하에 국제법 질서가 형성되고 각국이 영토를 획정하는 과정에서, 일본은 울릉도와 독도를 분리시켜 독도를 자국 영토로 편입시켰다. 1905년 초의 일이었다. 일본 정부는 독도가 '주인 없는 섬[無主地]'인데 일본인이 가서 어로 활동을 했기 때문에 자국 영토로 편입한다고 결정했다. 이런 식의 도서 편입은 독도에 대해서만 행해진 것은 아니었다. 1876년 오가사와라제도小笠原諸島를 시작으로 독도에 앞서 이미 5개의 섬에 대해 주인 없는 섬이라며 '선점'을 결정한 바 있었다. 심지어 1908년에 '선점'을 결정한 나카노도리시마中ノ鳥島라는 섬은 뒤에 실재하지 않는 것으로 판명되기도 했다. 일본의 도서 편입이 얼마나 무차별적이고 일방적으로 진행되었는지 알 수 있는 대목이다.

그럼에도 불구하고 1905년 1월의 편입 결정에 따른 2월 22일 자 '시마네현 고시'를 일본 측은 독도 영유권을 주장하는 결정적 증거로 삼는다. 시마네현에서 조그맣게 시작되어 이제 전국적으로 성대하게 벌이고 있는 '다케시마의 날' 행사가 열리는 날이 바로 이 날이다.

독도는 정말로 '무주지', 주인이 없는 땅이었을까. 안용복사건을 계기로 벌어진 외교 갈등이나 일본 정부 스스로 울릉도와 독도가 조선에 속한다고 했던 기록들을 고려하면 성립하기 어려운 주장이다. 한일 양국 모두 존재를 알았고 울릉도와 함께 거듭 소속 문제로 갈등을 겪었던 섬이기 때문이다. 그럼에도 앞서 편입한 여러 섬들에 대해 적용했던 '선점'의 논리를 적용하기 위해서 일본 정부는 독도를 '무주지'라고 규정했다. 오늘날 일본 정부는 '다케시마는 일본 고유의 영토'라고 강변하고 있는데, 당시에는 차마 고유 영토라고 주장할 수는 없었던 모양이다. 그러나 지금은 스스로 '주인 없는 땅'이라고 규정했던 독도를 '고유 영토'로 탈바꿈시켰다.

1906년 심흥택 군수의 보고서와 대한제국 칙령 41호

1906년 3월 하순에 일본 시마네현 관리 일행이 울릉도로 와서 군수 심흥택을 방문했다. 그는 즉시 중앙 정부에 보고서를 보냈다. '본군 소속 독도'에 대해 일본인들이 자국 영토가 되었다며 시찰을 하러 왔다는 내용이었다. 이에 대한제국 정부는 "독도가 일본 영토가 되었다는 사실은 전혀 근거가 없는 것이니 섬의 형편과 일본인의 행동을 잘 살펴 보고하라"고 지시했다(1906년 5월 10일). 아쉽게도 심흥택의 후속 보고서는 발견되지 않는다. 그렇지만 여기서 주목되는 것은 그가 독도를 '본군 소속'이라고 명확하게 밝히고 있다는 사실이다. 울(릉)도군은 언제부터 어떤 근거로 독도를 관할하게 되었을까.

가장 유력한 것은 1900년 10월 25일 자로 공포된 '대한제국 칙령 41호'이다. 이 칙령에서 정부는 울릉도를 울도로 개칭하고 도감을 군수로 승격시켰다. 울릉전도鬱陵全島와 죽도竹島, 석도石島를 울도군의 관할 지역으로 규정했다. 이렇게 울도군수의 관할 아래 들어간 석도가 독도를 가리킨다면, 1906년의 심흥택 보고서는 매우 자연스럽다.

석도와 독도, 독섬 또는 돌섬

그렇다면 칙령 41호는 어째서 독도가 아니라 석도라는 표현을 썼을까. 석도는 정말로 독도를 가리키는가. 석도는 문자 그대로 돌섬이라는 뜻이기 때문에 울릉도 주변의 돌섬—예컨대 관음도—를 가리킨다는 것이 일본 측 주장이다. 또 독도는 바위이기 때문에 돌[石]이라고 부르는 것은 자연스럽지 않다고도 한다. 일견 그럴듯 하지만, 석도가 독도라는 것을 뒷받침하는 방증 역시 다양하게 제시할 수 있다.

1953년에 이루어진 일본 외무성 조사에 따르면, 해방 이전 울릉도에 체류하던 일본인 어부 오쿠무라 아키라奧村亮는 "당시 조선인은

랑코도(다케시마)를 독도(독섬)[當時, 朝鮮人は, ランコ島(竹島)を独島(トクソン)이라 했다"고 증언했다. 즉 독도獨島는 입말이 아니라 문자 표기였다. 이 섬이 독섬 또는 돌섬이라고 불렸다면 그 뜻을 따서 석도라고 표기하는 것 역시 자연스럽다. 지금도 남해에는 독섬이나 돌섬이라고 부르고 석도라고 쓰는 섬들이 존재한다.

혹자는 조선시대 내내 거론되던 우산도가 사라지고 석도가 등장한 것이 이상하다고 했지만, 그런 기준이라면 독도 역시 갑자기 등장했다. 문헌상으로 '독도獨島'가 처음으로 보이는 것은 1904년에 작성된 일본 군함 니타카新高의 항행일지이다. 여기에 일본인들이 '리앙쿠르암'이라고 부르던 이 섬을 한국인들은 "독도라고 쓴다"라고 기록되어 있다. 한국 측 기록에서 '독도'가 처음으로 기록된 것은 앞에서 소개한 심흥택 군수의 1906년 보고서이다.

국어학자 방종현은 1947년 8월에 독도를 시찰하고 돌아와 기행문 〈독도獨島의 하루〉를 《경성대학京城大學 예과신문豫科新聞》에 기고했다. 그는 이 글에서 독도라는 섬의 이름이 '석도石島'라는 뜻으로부터 유래한 것이 아닌가 추정했다. 당시에 그는 대한제국 칙령 41호는 물론이고 지금 우리가 접하는 사료의 대부분을 알지 못했다. 그런 상태에서 이 섬이 '독도'라는 명칭을 갖게 된 이유를 찾는 과정에서, '석도石島'라는 뜻을 돌섬 또는 독섬으로 부른 데서 독도라는 이름이 만들어졌다는 가설을 제시했던 것이다.

'칙령 41호의 석도는 곧 독도이다'라는 기록이 발굴되지 않는 한 '석도'에 관한 이견은 소멸되지 않을 것이다. 그러나 독섬 또는 돌섬이라는 입말과, 석도 또는 독도라는 문자 표기가 병존했다고 보는 것은 여러 기록을 참작할 때 합리적인 가정이다. 그렇게 보면 심흥택 군수의 '본군 소속 독도'라는 보고서 내용도 더 정합적으로 해석된다.

일본에게 다케시마는 무엇일까

독도에 관한 사료를 이견의 여지없이 명료하게 해석할 수 있다고 주장할 생각은 없다. 그러나 한국인의 믿음과 주장을 비판하기 위해, 일본 측이 내세우는 다케시마 고유 영토론과 무주지 선점론의 자가당착, 울릉도와 독도를 한 묶음으로 보고 두 섬이 일본에 속하지 않는다고 확인한 일본 정부의 엄연한 기록들을 도외시하는 것은 묵과하기 어렵다.

　한국과 일본 사이의 영유권을 둘러싼 충돌을 감안할 때, 양측의 주장을 지지하는 해석은 앞으로도 팽팽하게 대립할 것이다. 그런 상황에서 '한국인들은 왜 독도에 집착하는가'라고 묻기 위해서는 '일본에게 다케시마는 무엇인가'라는 물음 또한 던져보아야 한다. 1990년대 중반까지도 일본인들은 '다케시마 문제'는 물론이고 섬의 대략적인 위치조차 잘 몰랐다. 그러나 오늘날 일본의 초등학교 교과서에는 '한국이 다케시마를 불법 점령하고 있다'는 내용이 수록되어 있다. 일본 정부는 독도를 둘러싼 미래의 갈등을 체계적으로 예비하고 있는 것이다.

　일본 정부는 독도 문제가 국제법적 영토 분쟁이라고 주장한다. 그것은 이 문제를 국제사법재판소로 가져 가서 판결을 받자는 제안으로 연결된다. 그러나 한국인은 독도 문제를 식민 잔재 청산이라는 역사적 사안으로 이해하고 있다. 다양한 기록들은 1900년대 초의 한국인들이 독도를 한국 영토라고 믿었다는 사실을 보여준다. 심흥택 보고서와 그에 대한 정부의 반응을 보면 정부 또한 그렇게 인식했다. 그러나 대한제국이 일본의 식민지로 전락해가는 상황에서 1905년의 편입 결정을 공공연하게 무효화시킬 수 없었다. 그것은 독립과 더불어 쟁취될 수밖에 없는 과제였던 것이다. 심흥택 보고서를 받고 대한제국 정부는 "독도가 일본 영토가 되었다는 사실은 전혀 근거가 없다"고 단언했다. 일본 정부의 인식은 아직도 당시의 패권주의적 시점에 머물러 있지만, 현재 독도는 한국 정부의 실효적 지배 아래에 있다.

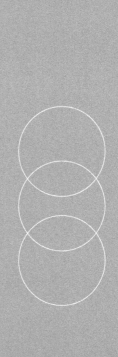

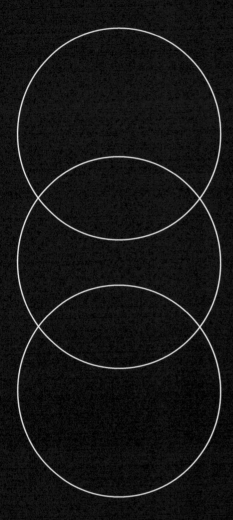

교과서와 역사 사이

김정인

무기로서의 교과서

《반일 종족주의》는 역사학을 "거짓말을 하는 학문"이라고 일갈한다. 특히 "주로 20세기에 들어 일본이 이 땅을 지배한 역사"와 관련해서 거짓말이 횡행하고 있다고 맹공을 퍼붓는다. 그 근거로는 역사학의 연구성과가 아닌, 교과서를 제시한다.

총독부가 토지조사사업을 통해 전국 토지의 40퍼센트를 국유지로 빼앗았다는 교과서의 서술은 엉터리 소설이었습니다. 식민지 조선의 쌀을 일본으로 실어 날랐다는 교과서의 주장은 무지의 소산이었습니다.

역사학의 학문성을 부정하면서 근거로는 교과서를 제시하는 이유는 뭘까? 교과서가 대중의 역사인식 형성에 갖는 영향력에 주목했기 때문이다. 또한 역사학과 역사교육을 동시에 비판하는 일석이조의 효과도 염두에 두었을 것이다.

《반일 종족주의》에서는 대표적인 뉴라이트 학자인 이영훈과 김낙년이 위에서 인용한 식민지 수탈론 비판을 맡았다. 이영훈은 뉴라이트 단체인 '교과서포럼'을 이끌며 일찍부터 역사학은 물론 교과서를 비판해왔다. 식민지 수탈론과 대척점에 있는 식민지 근대화론자로서 김낙년은 박근혜 정부의 국정교과서 집필에 참여한 바 있다.

뉴라이트는 등장할 때부터 역사전쟁을 선포하며 교과서를 무기로 삼았다. 뉴라이트는 노무현 정부가 정부 차원의 과거사 청산 작업을 선포한 직후인 2004년 가을 '자유주의연대'라는 단체를 출범시키면서 세상에 모습을 드러냈다. 이때부터 노무현 정부의 역사관과 역사교과서를 공격했다. 노무현 정부에 대해서는 "국민적 예지를 모아 선진국 건설에 일로매진해야 할 이 무한경쟁의 시대에 자학사관을 퍼뜨리며 지배세력 교체와 기존 질서 해체를 위한 과거와의 전쟁에 자신을 명운을 걸고 있다"고 비판했다. 이듬해 뉴라이트는 "대한민국의 근현대사와 관련된 각종 교과서를 분석·비판하고 대안을 제시하면서 사실을 추구"하고자 하는 목적으로 '교과서포럼'을 결성했다. 교과서포럼은 창립식을 겸한 심포지엄에서 고등학교에서 채택률 1위였던 금성출판사의 《한국 근현대사》 교과서를 집중적으로 공격했다. 2008년에는 《대안 교과서 한국 근·현대사》(이하 《대안 교과서》)를 출간했다.

그런데 2008년에는 《대안 교과서》의 등장과 더불어 1년 내내 《한국 근현대사》 교과서 파동이 일면서 보수·우파세력의 지지를 받는 뉴라이트와 역사학계·역사교육계 간의 역사전쟁이 치열했다. 이명박 정부 첫해로서 건국 60주년을 기념하는 정부사업도 논란이 되었다. 더욱이 이명박 정부가 직접 나서 《한국 근현대사》 교과서 내용의 편향성 문제를 공론화하면서 공방은 더욱 뜨거워졌다. 이렇게 이명박 정부까지 뉴라이트 편에서 교과서를 무기로 역사전쟁에 뛰어든 데에는 그해 봄을 뜨겁게 달군 촛불시위의 영향이 컸다. 이명박 정부는 고등학생이 들고일어나 갓 출범한 정부를 위기에 몰았던 촛불시위의 이념적 배후로 《한국 근현대사》 교과서를 지목했다. 2008년의 역사전쟁은 2011년에 '자유민주주의 파동'과 '집필기준안 파동'이 일어나는 등 이명박 정부 내내 이어졌다.

박근혜 정부 들어와서도 역사전쟁은 계속되었다. 박근혜 정부가 들어선 2013년에는 교학사 《한국사》 교과서(이하 교학사 교과서) 검정 파동이 일어났다. 교육부는 오류투성이의 교학사 교과서를 검정 통과시켰으나 역사교육 현장에서 외면받아 0퍼센트대라는 채택률을 기록했다. 이에 충격을 받은 박근혜 정부의 다음 카드는 역사교과서 국정화였다. 그해 가을부터 국정화 카드를 내밀며 여론의 추이를 살피더니 2015년 가을에 와서는 아예 국정화를 강행했다. 역사학계와 역사교육계가 집필 거부 선언으로 맞서는 가운데 보수·우익에게서조차 전반적 지지를 받지 못한 국정교과서 파동은 박근혜 정부 몰락의 전조였다. 이처럼 보수·우익에게 교과서는 정권의 명운을 걸 만큼 반드시 전유해야 하는 '이념적' 무기였다.

그런데 《반일 종족주의》에서 김낙년은 교과서의 식민지 수탈론 서술을 비판하면서 뉴라이트의 반공·반북사관과 시장사관에 입각한 이념적 잣대를 적용하지 않는다. 대신 "상식에도 맞지 않고 사실도 왜곡하는 교과서"라고 비판한다. 또한 "교과서에 실린 일본제국주의에 대한 비판은 민족주의적 틀에 갇혀 있어 세계인의 공감을 얻기 어렵다"고 본다. 왜곡과 보편사의 시각이라는 잣대를 적용해 교과서를 비판하고 있는 것이다. 이렇게 대중의 역사인식 형성에 절대적 영향력을 미친다고 '여겨지는' 교과서는 뉴라이트에게 이념과 실증 양 측면에서 역사학과 역사교육을 공격하는 무기 역할을 한다.

교과서 속 식민지 수탈론, 현상이냐? 주체냐?

뉴라이트의 교과서 비판의 핵심은 자학사관이었다. '친북·좌파적'인 교과서가 대한민국의 성공의 역사를 폄훼한다는 것이었다. 반면 역사학계와 역사교육계는 뉴라이트가 친일·독재를 미화하는 사관을 갖고 있다고 비판했다. 식민지기 역사와 그에 대한 인식을 분석한 《반일 종족주의》는 이중 친일프레임에 대한 반격이기도 하다. 교과서가 대중에게 심어준 반일의식은 '민족을 하나의 집단, 권위, 신분으로 보며 일본을 적대하는 종족주의에 불과하다'는 것이다.

　《반일 종족주의》는 교과서 내용 중 식민지 수탈론 비판에 가장 심혈을 기울였다. 세 편의 글을 실어 교과서 속 식민지 수탈론을 인식과 실증 면에서 비판했다. 이영훈은 〈한손에는 피스톨을, 다른 한손에는 측량기〉라는 제목으로 교과서에서 식민지 수탈론을 대표하는 내용인 토지조사사업에 대한 서술을 집중 비판했다. 그는 1960년대부터 2010년까지 교과서에서 토지조사사업으로 전국 토지 40퍼센트가 총독부 소유지로 수탈되었다고 서술한 점을 강도 높게 비판한다. 어떤 연구자도 증명한 적이 없는 숫자가 50년간 교과서에 실렸다는 것이다. 그는 40퍼센트라는 근거 없는 숫자가 반세기나 교과서에서 생명력을 유지할 수 있었던 이유로 바로 이념, 즉 반일 종족주의를 꼽는다. 일본과 한국을 뺏고 빼앗기는, 죽이고 죽는 야만의 두 종족으로 보고 우리 조상은 소유권 의식도 없고 신고가 뭔지 모르는 선량한 종족으로, 일본 종족이 한손에는 피스톨을, 다른 한손에는 측량기를 들고 마구잡이로 수탈한 사악한 종족으로 이분화하는 반일 종족주의적 역사인식이 근거도 없는 허구의 숫자를 신앙하게 만들었다는 것이다.

김낙년은 〈식량을 수탈했다고?〉와 〈일본의 식민지 지배 방식〉이라는 두 편의 글에서 산미증식계획에 따른 쌀 '수출'을 '수탈'로 묘사하는 등 일본의 식민 지배 전반을 수탈론적 관점에서 서술한 것을 비판했다. 그는 교과서가 '일제가 한국을 식량 공급기지로 만들어 조선의 쌀을 수탈해갔다(가져갔다/반출했다). 그래서 한국인들의 쌀 소비량은 크게 줄었고, 잡곡으로 연명해야 했다'라고 서술한 것을 비판하고 있다. 쌀은 수탈된 것이 아니라 수출이며 쌀 소비량이 준 것에는 인구 증가도 영향을 끼쳤다는 것이다. 일본제국의 역내 경제권의 차원에서 보면 일본이라는 쌀의 대규모 수출시장이 옆에 있었기 때문에 한국의 쌀 생산이 크게 늘었는데도 쌀값은 불리해지지 않았고 한국 농민의 소득 증가에 크게 기여한 것이 당대의 상식이었다고 주장한다. 즉 쌀 수출이 생활수준 하락을 가져온 원인이 아니라는 것이다. 소작농이 가난을 벗어나지 못한 것은 일본의 절반에 미치지 못하는 농업 생산성 때문이라는 것이다. 하지만 쌀이 수출되면서 한국 농민들이 유리해졌으나 그 혜택은 지주나 자작농에 집중되었고 산미증식계획은 이러한 틀을 깨지 못한 점도 지적한다. 또한 김낙년은 교과서가 "모든 곳에서 수탈이 자행된 것으로 서술하고 있다"고 비판하며 한국인의 사망률이 크게 하락해 평균수명도 늘고 인구도 증가했다고 주장한다. 한국인의 공장과 회사도 빠르게 성장했으나 일본인과 한국인 간, 또는 한국인 내부에서는 지주와 소작인 간의 불평등이 매우 높은 사회였음도 지적한다.

이처럼 이영훈과 김낙년은 통계수치에 대한 현상적 분석을 중심으로 교과서의 식민지 수탈론을 비판한다. 역사학계는 두 사람을 포함해 식민지 수탈론을 비판하는 뉴라이트를 식민지 근대화론에 입각해 있다고 비판하며 2008년에 교과서포럼이 펴낸 《대안 교과서》의 식민지 근대화론을 집중 분석한 바 있다. 박찬승(〈식민지 근대화론에 매몰된 식민지 시기 서술〉, 《뉴라이트 위험한 교과서, 바로 읽기》)은 식민지 근대화론이 식민지기 역사가 한국인이라는 주체가 소외되고 배제된 역사라는 점을 소홀히 여긴다고 지적한다. 식민지 근대화론이 통계를 바탕으로 한 현상적 분석에 매몰되면서 한국인이라는 주체의 관점에서 식민지기를 바라보지 않는다는 것이다. 그는 이 시각에서 보면 토지조사사업이 한국인의 정부인 대한제국의 양전지계사업을 계승한 측면이 강조되어야 하며 산미증식계획에서는 당시 농민의 치열한 수리조합 반대투쟁, 즉 한국인의 주체적 대응에 주목해야 한다고 주장한다. 식민지 근대화론에 대해서는 당시 한국 경제가 사실상 일본인에게 장악된 이상 한반도의 경제성장률이 갖는 의미가 무엇인지 되물었다. 양자 간의 핵심 쟁점인 수탈성에 대해서는 일본인과 한국인 지주가 조선총독부 권력의 강력한 뒷받침 아래 소작인으로부터 고율의 소작료를 거두어들이는 것도 수탈에 해당한다고 해석한다. 유통과정보다는 생산과정에서의 수탈에 더 주목한 것이 식민지 수탈론이라는 얘기다.

　뉴라이트의 교과서 비판과 역사학계의《대안 교과서》비판은 각자가 식민지기를 바라보는 관점을 고스란히 반영하고 있다. 통계적 실증에 기반한 현상적 분석과 함께 일국을 넘는 자본주의 경제체제라는 관점에서 구성한 역사와 한국인이라는 주체가 식민 지배에 어떻게 대응했는지에 초점을 맞춰 구성한 역사가 '근대화'와 '수탈'이라는 두 가지 프리즘을 생산한 것이라 할 수 있다. 그와 같은 역사인식의 대중적 전유와 상식화를 위한 역사전쟁에서 최우선 무기가 바로 교과서인 것이다.

역사학의 성찰, 그리고 교과서와의 엇박자

앞서 살펴보았듯이 식민지 근대화론은 통계수치를 기반으로 한 현상분석을 통해 식민지기 자본주의 경제 성장을 입증하고자 했다. 그래서 이에 대한 비판은 늘 "그래서 한국인은?"이라는 주체의 문제로 환원되는 경향을 보였다. 허수열《개발 없는 개발》은 식민지 사회는 이민족에 의한 지배가 핵심이므로 "지역으로서의 조선이 아닌 조선인을 주연으로 삼는" 식민지 연구가 이루어져야 한다고 주장했다. 정태헌(《경제성장론 역사상의 연원과 모순된 근현대사 인식》, 《일본의 식민지 지배와 식민지적 근대》)은 식민지 근대화론이 자유로운 개인을 전제로 한 자본주의적 시각으로만 식민지기를 인식한다고 비판하면서 한국인 자본가계급이 장악해야 할 국가 수립이 압살된 채 일본 정부와 자본이 한국의 경제 운영과 정책 결정의 주체가 된 경제체제에서 한국인은 그저 틈새시장이나 노리는 존재에 불과했다는 점을 주목해야 한다고 주장했다. 이처럼 두 학자의 비판 요지는 식민지기라도 한국인을 주체로 역사를 재구성해야 하며 한국인의 국가가 없는 자본주의 사회였다는 '비정상성'이 전제되어야 한다는 데 있다.

이러한 비판도 존재했지만, 식민지 근대화론의 실증에 입각한 연구성과들은 식민지기를 바라보는 역사학의 시선에 변화를 가져왔다. 정연태(《한국 근대와 식민지 근대화 논쟁》)는 식민지 근대화론이 전근대사와 근대사, 근대사와 동시대사를 거시적·계량적으로 분석하거나 식민정책과 식민지의 비교 연구로 일본제국주의의 지배정책 및 한국 사회 변화의 보편성과 특수성을 파악하여 자신들의 주장을 객관화하고 세련화했다고 평가했다. 반면 식민지 수탈론에서는 일제 수탈과 민족 저항이라는 자명한 전제에 너무 쉽게 안주한 나머지 수탈의 실상을 생생히 밝히는 데 매우 소홀했다는 점을 인정했다. 그래서 종전까지 수탈정책의 대명사였던 토지조사사업조차 논란 대상이 되고 있다는 것이다. 그리고 이러한 역사학의 태도는 식민지 수탈론이 한국 사회의 민족자존의식과 반일주의 정서에 기초해 30, 40년간 지배 담론의 지위를 누리면서 교과서와 대중역사서에 반영되는 현실에 기댄 결과임을 되짚었다.

식민지 근대화론에 대한 역사학계의 성찰은 한국인도 주체로서 수탈당하기만 한 것이 아니라, 능동적으로 대응해 자기 발전을 도모했다는 인식에까지 이르게 된다. 문영주(《'경제성장론'의 식민지 인식에 대한 비판적 검토》, 《일본의 식민지 지배와 식민지적 근대》)는 식민지 근대화론이 식민지기 경제의 양적 성장을 실증하고 한국인의 적응이 있었음을 보여주었으며 근대적 경제제도가 해방 전후에 연속적인 측면을 가지고 있음에 주목한 점을 평가했다. 또한 역사학이 '한국인'이라는 주체에만 집착할 경우 세계사적으로 서구적 근대의 충격과 이의 수용을 통해 세계자본주의 체제의 한 부분으로 성립된 식민지 자본주의의 역사성을 간과할 가능성이 있음을 우려했다.

아쉽게도, 식민지 근대화론자들은 역사학의 이와 같은 연구성과에도 불구하고 《반일 종족주의》에서처럼 교과서를 무기로 역사학계를 비판한다. 대중의 반일 일변도의 역사인식에 대한 강박적 비판이 가져온 현상이라 할 수 있다.

역사학의 입장에서 보면 이러한 성찰적 접근이 여전히 교과서에는 제대로 반영되지 않고 있다는 사실이 더 난감하다. 물론 이영훈이 주장하는 40퍼센트설은 이제 어느 교과서에도 나오지 않는다. 하지만 식민지 수탈론이라는 시각을 전제한 내용은 여전히 교과서를 지배하고 있다. 산미증식계획과 관련해서는 김낙년이 비판한 내용 그대로 서술되어 있다. 2020년부터 새롭게 학교에서 사용되는 고등학교 한국사 교과서를 살펴보면, 1910년대 토지조사사업으로 대표되는 식민지 수탈이 1920년대 산미증식계획 실시 등으로 더욱 확대되는 양상을 띤다고 서술하고 있다. 채택률이 제일 높은 미래엔 한국사 교과서의 경우, '토지조사사업, 식민지 수탈의 토대가 되다', '일본 자본주의, 땅속부터 바다까지 침탈하다', '산미증식계획, 쌀 생산은 늘었지만 농민은 굶주리다' 등 수탈성을 강조하는 소제목을 달고 있다. 또한 교과서마다 토지조사사업, 산미증식계획만이 아니라 조선총독부의 경제정책 전반을 수탈·침탈정책으로 서술하고 있다.

이러한 역사학과 교과서의 엇박자는 교과서가 갖고 있는 보수성에 기인한다. 교과서는 정부의 법적 문서인 교육과정과 법적 구속력은 없지만 교육부가 관행적으로 내놓은 집필기준에 맞춰 집필하므로 검정임에도 불구하고 "사실상 국정과 다름없다"는 자조적 목소리가 나올 만큼 교과서마다 형식과 내용에서 편차가 거의 없다. 더구나 교과서를 준비하는 데 오랜 시간과 돈이 들기에 출판사 입장에서 교과서가 검정을 통과하지 못하면 손실이 크니 교육과정 준수에 매달리며 새로운 학설을 싣는 걸 꺼린다. 이런 요인 때문에 교과서 집필은 기본적으로 보수적인 작업일 수밖에 없다.

이제 교과서에 실리면서 대중적 상식이 되어버린 식민지 수탈론은 《반일 종족주의》의 비판 대상이기도 하지만, 역사학의 성찰과 그에 기반한 연구성과와도 엇박자를 보이고 있다. 《반일 종족주의》의 등장과 그를 둘러싼 논란이 교과서의 선택지를 좁힐지 넓힐지는 더 두고 볼 일이다.

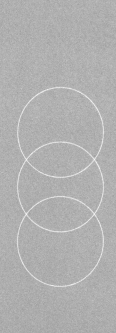

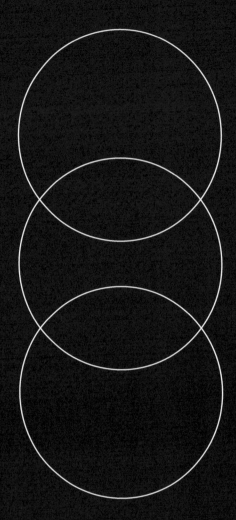

'반일 종족주의 사태'와
한국사 연구의 탈식민 과제

김헌주

'반일 종족주의 사태'와 영향

2019년은 무역전쟁으로 인한 한일 간 갈등이 뜨겁던 한해였다. 양국 정부와 언론에서는 유례없을 정도로 상호 간에 강도 높은 비판을 쏟아내었고 양국 국민의 대립도 격화되어갔다. 이러한 정세에 기름을 부은 책이 바로 《반일 종족주의》(이하 《반일》)였다. 2019년 7월에 발간되었는데 한국에서 10만 부 이상의 판매고를 올렸다. 2019년 11월에는 일본어판이 출간되어 2주일 만에 30만 부를 인쇄했다는 언론보도도 있었다. 가히 '반일 종족주의 사태'라고 부를 만하다.

출간 이후 학자들을 중심으로 《반일》에 관련한 다양한 반론이 쏟아져 나왔다. 이 상황에 기름을 부은 것은 당시 청와대 민정수석비서관이었던 조국이 SNS에 올린 게시물이었다.

이들이 이런 구역질나는 내용의 책을 낼 자유가 있다면, 시민은 이들을 '친일파'라고 부를 자유가 있다. 일찍이 한겨레 정의길 기자는 "뉴라이트=신친일파"라고 규정한 바 있다.[1]

'구역질나는 책', '신친일파' 등의 격한 비판은 당시 한일 무역 갈등이 최고조에 올라 있던 시대적 분위기와 맞물려 큰 반향을 불렀다. 비판 당사자의 입장과는 무관하게 이 비판은《반일》에 대한 관심도를 높였다. 조국의 정치적 반대자들을 결집시켰던 것이다.

논란의 와중에서《반일》은 특히 일본의 출판업계에서 화제였다. 일본 현지의 반응은 2019년 11월 21일 도쿄에서 열린《반일》의 일본어판 출간 기념 기자회견에서 확인할 수 있다. 당시 좌석은 시작 전부터 이미 꽉 찼고, 회견장 밖으로도 의자를 20여 개를 둬야 할 정도였다고 한다. 이에 대한 일본 독자의 반응도 뜨거웠다. 아마존재팬 독자 리뷰를 살펴보면, 83퍼센트가 이 책에 별 5개 만점을 줬으며, "역사전쟁에 무기가 되는 책", "진실을 좇는 작가의 자세에 감동했다"는 리뷰도 올라왔다.[2] 이렇듯《반일》은 출간 이후 많은 논란을 불러왔고 식민 지배 역사에 대한 한일 양국 간의 논란이 존재하는 한 '반일 종족주의 사태'가 불러온 영향력은 아직도 현재진행형이다. 이처럼 화제가 된《반일 종족주의》는 과연 어떠한 책인가.

《반일 종족주의》의 서사구조와 비평[3]

레토릭으로서의 '반일 종족주의' 개념

본격적으로 서사구조를 분석하기 이전에《반일》이라는 책의 성격을 규정할 필요가 있다.《반일》은 기본적으로는 학술서를 표방하고 있다. 책머리에서 "우리가 기대하는 것은 우리가 범했을 수 있는 잘못에 대한 엄정한 학술적 비판입니다"라고 언급한 것에서도 그 지향점이 드러난다. 그러나 이 책은 성격을 명확하게 규정하기 힘들다. 학술서적인 측면이 있지만, 동시에 학술서를 표방한 대중서이며 어떤 측면에서는 정치적 선전물에 가깝다.

이 책의 성격을 정치적인 의도를 뚜렷이 한 선전물이라고 전제한다면, 그 전략은 성공적이었다고 할 수 있다. 그 점은 프롤로그에서도 잘 드러난다. 제목이 무려 '거짓말의 나라'이다. 프롤로그에서는 다소 과격한 어조로 한국인의 거짓말과 위선을 폭로한다. 《반일》이 학술서를 표방한 점을 감안하면 조금 당혹스러운 서문이다.

하지만 목차와 본문을 다시 확인해보면 이 서술은 치밀하게 의도된 전략임을 알 수 있다. 주요 목차를 간단하게 살펴보면 △ 프롤로그 거짓말의 나라 △ 1부 종족주의의 기억 △ 2부 종족주의의 상징과 환상 △ 3부 종족주의의 아성, 위안부 △ 에필로그 반일 종족주의의 업보 순서로 전개된다. 세부 목차에는 황당무계《아리랑》, '강제동원'의 신화, 후안무치하고 어리석은 한일회담 결사반대, 백두산 신화의 내막, 쇠말뚝 신화의 진실, 반일 종족주의의 신학 등이 두드러진다. 목차에서 드러나듯 학술서에는 어울리지 않는 단어가 난무한다. '기억', '상징', '환상', '거짓말', '황당무계', '신화', '업보' 등의 용어는 본문에서 종족주의의 신화를 격파하는 레토릭rhetoric으로 기능한다. 이런 서술 전략에 따라 심도 깊은 역사적 실증과 치열한 토론을 통해 논의되어야 할 다양한 논제들은 일도양단 식으로 명쾌하게 정리되고 있다. 반일 종족주의 비판이라는 전가의 보도가 있기에 가능한 방식이다.

'반일 종족주의'라는 제목에서도 드러나지만 《반일》은 일반적으로 사용되는 반일 민족주의라는 개념을 쓰지 않고 굳이 종족주의라는 일차원적이면서 인종주의적인 개념을 내세운다. 이러한 인식의 맹아는 대표저자인 이영훈의 과거 저작인 《해방전후사의 재인식》(이하 《재인식》)에 쓴 논문에서도 드러난다. 아래의 서술을 살펴보자.

민족을 성립시키는 근본적인 재료는 피를 함께 나누었다는 종성種姓 관념으로서 인종이다. 종성 관념과 그에 상응하는 토템으로 통합을 성취한 최초의 문명 단위는 씨족이었다. 그러니까 민족의 깊은 구성에는 낮은 수준의 통합으로서 야만이라 이야기될 수 있는 씨족이 웅크리고 있다.[4]

민족의 기원에 씨족적 전통을 새삼 강조하는 서술에서 그 의도는 명징하게 드러난다. 그럼에도 이 시점(2006)에서 이영훈은 종족적 성격, 씨족 등의 개념을 '민족' 안에 내재되어 있는 것으로 파악한다. 그 지향점이 '종족주의'라는 개념과 유사해보일 수 있지만 학문적 엄밀성이 있었다. 그러나 《반일》에서는 엄밀한 '개념노동'을 건너뛰고 선동적 언설을 구사한다. 즉 '반일 종족주의'란 일종의 레토릭으로 기능한다고 볼 수 있다.

이를 염두에 두고 책을 읽어간다면 그 의도가 명징하게 드러나는 것은 물론 이 텍스트의 특징도 제대로 파악할 수 있을 것이다. 아래는 그러한 레토릭으로서의 특징을 잘 드러내고 있는 문장이다.

① 《아리랑》에 등장하는 일본인들은 모두가 노예 사냥꾼과 같은

악인들입니다. 그들은 수도 없이 조선 사람을 때리고 **빼앗고** 겁탈하고 죽입니다.……노예 사냥꾼은 원시 종족의 종교를, 그들의 토템을 파괴합니다. 당산나무에 사람을 매어 놓고 총살하는 것이 바로 그 장면입니다.[5]

② 독도가 반일 민족주의 상징으로 떠오르자 국토를 관류하는 한국인의 혈맥이 독도 바위에까지 **뻗치었던** 것입니다. 일제가 전국의 혈맥을 찔렀다 하여 1995년 김영삼 정부로 하여금 전국의 산지에 박힌 쇠말뚝을 뽑는 엉터리 소동을 벌이게 한 그 주술적 정신세계가 10년 뒤 비슷한 계기와 상징을 통해 정확하게 재생된 것입니다. 그렇게 독도는 한국인을 지배하는 반일 종족주의의 가장 치열한 상징으로, 가장 신성한 토템으로 부상하였습니다.[6]

①은 소설의 서술을 비판했다는 점에서 그 자체로 모순적이다. 물론 《아리랑》에 나타난 소설 속 이미지가 한국인의 마음속에 '반일 민족주의'를 이식했을 가능성은 충분히 있다. 그러나 소설에서 그려낸 상상 속 이미지를 실증의 문제로 치환하여 비판하는 것은 비판 대상의 설정이 잘못된 것이다. '반일 종족주의'라는 레토릭을 강화하기 위해 서사로 점철된 문학작품을 가져온 것이라고 비판할 수밖에 없는 대목이다. ②에서도 일제가 조선의 혈맥을 잘랐다는 다소 진부한 믿음에 대해 같은 레토릭으로 대응한다. 다소 과도했던 사반세기 전의 국수주의 퍼포먼스를 2019년의 시점에서 주술과 토템이라는 단어까지 써가면서 '비난'할 필요가 있을까. 일제 말뚝 설치의 신화는 분명

비판될 필요가 있다. 그러나 《반일》의 비판 방식은 말뚝 신화론자들의 거울상에 불과하다.

자가당착과 연구성과의 자의적 전유

이제 본격적으로 본문의 내용을 살펴보자. 전체 줄거리를 요약하면 "한국인은 거짓말하는 종족적 특성을 가지고 있다. 이런 배경에서 반일 종족주의가 다양한 기억과 상징조작 등에 의해 만연하게 되어 한일관계가 파탄 나고, 그 업보는 한국 사회를 옥죄고 있다"고 정리할 수 있다.

본문에서는 반일 종족주의하의 '그릇된 기억과 상징 및 환상'을 논파하는 형식을 취한다. 그릇된 기억에는 토지조사사업의 40퍼센트 수탈설, 노무 동원과 육군 특별지원병제의 강제성 등이 열거되었는데 이 내용들을 다양한 근거를 통해 비판하고 있다. 상징과 환상의 대표적인 사례는 독도와 백두산이다. 독도의 역사적 근거가 되는 우산국은 존재한 적이 없는 환상의 섬으로 간주하였고, 민족의 영산으로 일컬어지는 백두산의 신성화는 근대의 산물이라고 지적한다. 마지막으로 일본군 '위안부' 문제는 '반일 종족주의의 아성'으로 규정하고 별도로 한 장을 할애하여 비판하고 있는데, 핵심은 공창제론과 자발적 성노동자론이다. 이렇게 '종족주의적 환상'에 입각한 '그릇된 기억'을 비판한 후에 반일 종족주의의 업보를 성찰하는 것으로 마무리하고 있다.

본문 내용 중 학계 연구와 대중의 역사인식이 괴리된 데서 발생한 간극을 교정하는 데 도움이 될 점도 있다. 쇠말뚝 신화와 민족 상징으로서의 백두산 신성화에 대한 비판이 대표적이다. 대한제국기 국망의 책임을 군주 고종에 두는 관점도 동의의 여지가 있다. 토지조사 사업의 무신고 수탈설, 특히 40퍼센트 이상의 토지를 수탈했다는 '원시적 수탈론'에 대한 비판은 《반일》의 입장이 한국사학계의 최근 연구성과와 가깝다. 그런 측면에서 《반일》의 주장은 '부분적'으로는 의미가 있다고 볼 수 있다.

그러나 문제의식과 서술 방향에서 많은 문제점을 노정하고 있기에 의미보다는 한계에 방점을 찍을 수밖에 없다. 이하에서는 그 몇 가지를 지적해보도록 하겠다.

우선 자가당착의 논리적 모순이다. 현대 한국과 한국인의 특성에 대해 거짓말, 샤머니즘, 종족주의로 격하한 대목이 대표적이다.[7] 주지하듯 《반일》 기획은 이승만학당의 유튜브 강의에서 비롯되었다. 대표저자인 이영훈을 비롯한 필자들 역시 이승만과 박정희, 군사정권으로 이어지는 대한민국의 성취를 긍정하는 것은 물론이다. 그런데 '이승만이 세우고 박정희와 전두환 등이 발전시킨 대한민국'을 격하시키는 것은 자가당착이다. 해방 이후 1997년 정권교체 이전까지 50년 동안 이승만 정권을 계승한 정당이 권력을 잡았고 '반일 종족주의'는 바로 그 시기에 절정에 달했다. 이 모순을 어떻게 해결할 것인가. 또한 그토록 극찬하는 국부 이승만 또한 대표적인 반일 민족주의자이다.[8] 한미일 삼각동맹을 이루기 위한 미국의 압박에도 불구하고 고집스러울 정도로 반일정책을 펼쳤던 이승만의 정세인식과 외교론은 어떻게 평가할 수 있을까. 《반일》의 표현대로라면 이승만이야말로 '반일 종족주의'의 화신이 되어야 하지 않을까.

또한 남북 교류와 정상회담을 비판하기 위해 한국의 문명수준을 원시적 단계로 설정하고 있다. 요컨대 남과 북의 정신세계는 무의식에서 공명하는 것이며 산중에 고립되고 은닉된, 산적의 세계를 거부한다고 언급하고 있다. 아울러 자유로운 개인, 독립하는 개체, 충일한 개성, 고양하는 예술 등의 근대문명이 거기에 없다고 서술하고 있다.[9] 먼저 《반일》에서 언급하는 문명의 기준이 무엇인지 해당 부분 필자인 이영훈의 개념 정의를 살펴보자.

이영훈은 문명사를 최초로 정의한 논문에서 문명의 출발점은 호모 에코노미쿠스적인 인간형을 인정하는 것이며, 마르크스주의와 민족주의는 문명을 결여했다고 비판했다.[10] 이것은 다른 논문에서도 잘 드러난다.

문명사에서 출발점은, 그리고 언제나 다시 돌아오게 되는 마음의 고향은 분별력 있는 이기심을 본성으로 하는 호모 에코노미쿠스, 그 인간 개체이다. 인간은 이기적인 동물이며, 이기적이기 때문에 도덕적이다. 도덕적이기 때문에 협동하며, 협동하기 때문에 문명을 건설한다.……국가는 문명의 상징이다. 국가가 없거나 해체된 상태를 야만이라 한다. 야만의 극복으로서 문명은 국가와 더불어 성립한다.[11]

호모 에코노미쿠스를 정면으로 배반하는 북한, 거기에 공명하는 현 정권이 《반일》의 관점에서 보면 비문명적일 수 있다. 그러나 이영훈 등 《반일》 저자들의 관점에서 보면, 1948년 대한민국 건국 이후 자유주의 이데올로기에 입각한 '근대문명'에 이처럼 충실한 나라도 없었다.[12] 자유시장경제를 도입하고 호모 에코노미쿠스적인 인간형을 구축하면서 북한과의 체제 대결을 시도했던 것이 대한민국의 시작이었고 이 국가의 초석을 놓은 것이 바로 《반일》의 저자들이 예찬하는 이승만이었다. 이승만 정권 이래 반세기 동안 지속된 자유주의 근대문명이 십수 년에 불과한 '좌파정권' 집권 기간에 원시회귀했다는 주장은 자가당착의 전형이라고 하지 않을 수 없다.

다음으로 한국사 연구자들의 연구성과를 적극적으로 수용한 점이다. 한국사 연구자들의 역사인식을 '반일 종족주의'로 규정한 것을 감안하면 이러한 모습은 매우 모순적이다. 대표적으로 토지조사사업에 관한 연구를 들 수 있다. 《반일》에서 비판한 토지조사사업 무신고 수탈설은 한국사학계에서 예전부터 비판되고 있었다.[13] 그리고 집필자인 이영훈 역시 그 지점을 인지하고 있었다. 이영훈이 1993년에 발표한 논문 〈토지조사사업의 수탈성 재검토〉에서는 무신고 수탈설의 문제점을 지적하고 있는데 그 과정에서 한국사 연구자인 배영순의 실증적 연구성과를 활용하여 논의를 전개하고 있다. 한국사학계에서 활발하게 활동한 배영순은 이영훈의 관점에서 보면 '반일 종족주의'의 선봉에 선 연구자인데, 그의 연구성과를 적극적으로 받아들인 모순적인 행위를 했다고 볼 수 있다.

고종 개명군주론의 경우는 이 학설 자체가 1990년대 후반에 등장했으며 지금도 통설적 지위를 점하고 있지 않다. 당연히 개명군주론을 비판한 연구성과 또한 열거하기 힘들 정도로 많다.[14] 따라서 이 부분은 전형적인 '허수아비 치기'라 할 수 있다. 공창제와 일본군 '위안부'의 관련성을 언급하면서도 성녀/창녀의 이분법을 극복해야 한

다는 논의도 이미 다양한 논자에 의해서 지적되었고, 한국사학계의 중요한 논의 대상이었다.[15]

더 나아가 포스트 콜로니얼 연구post-colonial study의 문제의식을 받아들여 국사national history를 재구성하고, 저항민족주의에 내재한 식민주의적 인식의 한계를 비판하는 논의에 동참했던 한국사 연구자들의 성과도 있었다.[16] 아울러 일제 식민지 시기의 선악 이분법적 묘사를 비판하고 식민지 근대의 중층성과 복합성, 즉 회색지대를 이해해야 한다는 식민지 근대성론도 한국사학계에서 광범위하게 수용되고 있다.[17]

요컨대 한국사 연구가 기본적으로 민족주의적인 관점에 서 있는 것은 분명 사실이지만, 2000년대 전후로 이러한 흐름에 대한 비판이 대두되면서 다양한 결들의 연구성과가 제출되었고 그 과정에서 민족주의를 탈구축하자는 논의가 활발하였다.

저자들 역시 이러한 연구성과를 섭렵한 점은 참고문헌 등에서 드러난다. 참고문헌에 없었더라도 이 연구들의 존재를 모르지 않았을 것이다. 그럼에도 불구하고 기존 한국사 연구의 성과와 동향을 도외시하고, '반일 종족주의'로 귀결시켰다. 한국사학계를 비난하기 위한 의도적인 누락으로 보지 않을 수 없다. 비학문적인 태도이다.

마지막으로 '반일 종족주의의 아성'으로 상정한 일본군 '위안부' 문제를 보는 시각의 문제점을 짚어보자. 《반일》에서는 '우리 안의 위안부'라는 개념을 사용한다. 이 전제하에 조선시대 기생 → 일제시대 공창제와 일본군 '위안부' → 한국전쟁기 위안부 → 해방 이후 '양공주' 등을 연결시키는 입장을 견지하고 있다. 이런 맥락에서 식민지기 '위안부'는 돌출적인 것이 아니며 역사적으로 지속된 여성에 대한 성적 착취라고 언급하면서 '우리 안의 위안부'를 보자고 호소한다.

얼핏 보면 참신한 문제의식인 것 같지만 사실 가부장제의 연속성 관점에서 일본군'위안부' 문제를 인식하는 문제의식은 이미 역사, 사회학, 여성학 연구자들에 의해 많이 논의된 부분이다. 상술한 공창제와 위안부의 관련성에 대한 연구를 제외하고도 한국전쟁기 위안대 설치와 위안부 동원의 실체에 대한 연구,[18] 식민지기 성매매제도와 한국전쟁기 위안소, 박정희 정권기 기지촌을 연속과 단절의 관점에서 본 연구[19] 등이 제출된 바 있다. 이러한 연구성과들은 일본군'위안부' 문제를 보는 틀을 확장시키고 민족주의적 역사인식의 한계, 성녀/창녀의 이분법 등을 넘어서는 문제의식을 촉구하는 효과가 있었다.

그러나 《반일》에서는 이러한 문제의식을 '위안부 공창제론'의 도구로 치환시켜 극우적 언설을 강화하는 데 활용하고 있다. 성녀/창녀의 이분법을 넘자는 문제의식과 '매춘부일 뿐이다'라는 주장은 본질적으로 다르다. 결정적으로 위안소제도 자체가 지금 기준으로 야만적인 제도이지만 당시 기준에서는 문제가 아니라는 서술은 《반일》의 입장이 어디에 놓여 있는지를 명확히 보여주고 있다.

> 독일 항복 직후 독일 여성에 대한 연합군 측의 집단강간이 당시 문제되지 않은 것처럼, 일본군 위안소도 당시에는 문제가 아니었는데, 20세기 말부터 새로 문제가 되었습니다.[20]

'위안부' 문제뿐 아니라 2차 세계대전 당시의 전쟁성범죄를 대하는 저자들의 관점이 그대로 투영된 서술이라고 하겠다. 문제임에도 문제가 되지 않았던 것을 가시화했던 것이 지난 30여 년간의 '위안부' 운동과 연구의 성과였다. 해방 이후 일본군'위안부' 피해자 여성들의 사회적 소외와 트라우마에 최소한의 눈길만 주었다면 저런 서술이 과연 가능했을까.[21]

이렇듯 피해의 맥락을 폭력적으로 소거한 《반일》의 시선은 위안소 관리인으로 있으면서 일본 군대에 협조하며 '평범한 악'을 행했던 가해자에게로 향해 있었다.

> 박씨의 일기는 그렇게 전선 후방에서 돈과 섹스로 번성하는 조선인 사회를 그리고 있습니다. 위안부들 역시 전쟁 특수를 이용하여 한몫의 인생을 개척한 사람들이었습니다.……1944년 12월 박치근은 2년 4개월의 동남아 생활을 청산하고 고향 김해로 돌아옵니다.……그는 원래 일본 천황의 만수무강과 일본제국의 번성을 기원하는 충량한 '황국신민'이었습니다. 일기는 그러한 그의 내면을 잘 그리고 있습니다. 그렇지만 해방 후 그는 반공주의자로서 대한민국의 충실한 국민으로 변해 있었습니다. 저는 그 역시 그 시대를 살았던 보통사람의 평범한 인생살이가 아닌가 여기고 있습니다.[22]

박치근은 해방 이후의 한국 현대사를 '살아내던' 평범한 인간이었는지 모른다. 그러나 위안소 관리인으로 있으면서 '제국 일본'의 전쟁 성범죄에 직간접적으로 관여한 것은 결코 '평범'이란 단어로 치환할 수 없다. 만약 본인이 스스로 보통사람으로 인식했더라도 그 보통사람이 악을 행하면서도 자각할 수 없었던 구조를 주목하고 또 비판해야 할 것이다. 그러나《반일》의 세계관에서는 오직 '욕망하고 자유로운 개인'만 존재할 뿐이다. 이러한 전제하에서 피해/가해 구도와 제국/식민지의 맥락은 사라져버렸다. 결국 '위안부'와 '관리인'은 모두 자유로운 개인의 경합들 속에서 일상을 살아내던 '평범한 사람들'로 환생했다.《반일》의 지향과 문제의식에 결코 동의할 수 없는 이유가 여기에 있다.

한국사 서술의 딜레마와 탈식민의 과제

이상을 통해 살펴본 것처럼《반일》은 여러 면에서 문제가 있지만, 대중적 폭발력을 가졌다. 이러한 폭발력은 어디에서 비롯되었을까.《반일》의 폭발력을 언급할 때 한일 극우 혹은 역사수정주의 세력의 동맹이라고만 해석하는 것은 사태의 다른 측면을 간과할 수 있다고 본다. 비록《반일》에서 '종족주의'라고 거칠게 비판했지만, 그릇된 반일 민족주의 신화가 있는 것은 사실이기 때문이다. 이 문제에 대한 좀 더 정교하고 세밀한 접근이 필요하다.

몇 가지 사례를 살펴보자. 예컨대《반일》에서도 지적했던 조선총독부 말뚝 설치 주장은 이미 다양한 방식으로 비판된 바 있다.[23] 또한 일제의 강제 병합 초기에 조선총독부가 단군 고서를 비롯한 51종 20만 권의 서적을 압수하여 비밀리에 소각했다는 '신화' 또한 선행 연구에 의해 극복되었다. 요컨대 1909년 출판법 공포 이후 일제의 가혹한 출판 탄압이 존재하긴 했지만 '51종 20만 권'이 압수되고 태워졌다는 근거는 찾아볼 수 없으며, 이러한 역사상은 1965년 문정창에 의해 만들

어졌고 1980년대 조선일보사의 기획에 의해 확산되었다는 것이다.[24]

아울러 낙랑군 재요서설 등으로 대표되는 대고조선론을 굳건하게 믿는 쇼비니스트의 활동도 중요하다. 해방 이후 다양한 연구들에 의해 입증된 학설을 무시하고 '식민사학'의 딱지만 붙이는 방식의 활동에 대해서는 많은 비판이 이루어졌다.[25] 이들이 정계와 언론계 등에 광범위한 영향력을 미치고 있는 상황에 대해서 주목할 필요가 있다.

이러한 현상이 해방 이후 한국사 연구 및 교육과 무관하다고 볼 수는 없을 것이다. 《반일》은 그 지점을 극단적인 방식으로 파고들었는데, 학문적으로는 극복되고 있지만 여전히 잔존해 있는 '신화'들을 고발하는 전략으로 독자들을 확보하고 있다. 따라서 '반일 종족주의' 여파를 무시 일변도로 대응하는 것은 좋은 방법이 아니다. 혹은 다시금 식민지 반봉건사회론과 '원시적 수탈론'을 소환하는 것 또한 지양되어야 할 것이다. 중요한 것은 탈식민의 지향이다. 극단적인 반일 신화와 인종주의적인 자민족 혐오는 동전의 양면이기 때문이다.

그렇다면 어떤 방향에서 한국사를 연구해야 할까. 이러한 움직임에 가장 적극적인 흐름은 포스트 콜로니얼 연구의 문제의식을 받아들여 국사national history를 재구성하기 위해 노력하고 있는 그룹의 연구라고 볼 수 있다.[26] 해당 연구는 트랜스내셔널 역사학Trnasnational History이란 개념으로 정의되고 있다. 트랜스내셔널 역사학은 국가·계급·젠더 등의 경계 자체를 문제시하여 트랜스내셔널 관점trnasnational perspective을 확립하는 것을 목표로 하는 관점을 말한다.[27]

이러한 관점에서 한국사를 재해석한 연구를 통해 한국사 연구의 재구성이 이루어지고 있다.

예컨대 한국 근대역사학의 시작은 그간 신채호 등의 민족주의 사학자들의 저작에서 찾는 것이 통설이었다. 그러나 근대역사학을 일본의 역사학과의 관련성 속에서 파악한 최근의 연구에서는 그 기점을 일본의 역사 서술체제를 받아들인 대한제국기 학부 교과서로 잡고 있다.[28] 이보다 먼저 고대사 서술에서 고구려 광개토대왕 비문 신묘년조 기사에 대한 해석에 한일 양국의 근대적 관점이 투영되었다는 것을 논증한 연구[29]는 고대사 서술이 근대성과 일국사적 틀 안에서 이루어졌음을 논증하여 한국 고대사 연구에서 상당한 영향을 미쳤다. 또한 조선시대 외교관계를 '사대'와 '교린', '소중화'라고 정의했던 통설이 해방 이후 연구자들의 문명론적 사고와 일국사적 시각의 한계에서 비롯된 것임을 지적하고, 당대 동아시아의 조선朝鮮·명明·여진족女眞族·대마도對馬島·막부幕府 등을 포함하는 다양한 역사적 주체들 '사이'의 '관계망'을 초국가적Transnational 시각에서 살펴본 연구도 산출되었다.[30] 그동안 독립운동사의 서사 안에서 구획되어왔던 민족운동의 중층적 맥락을 분석한 연구성과도 제출되었다. 요컨대 의병운동 참여 주체들의 동상이몽, '폭도'와 '양민'의 경계 사이에서 고민하는 당대의 지역주민들, 당대 언론의 의병 담론과 의병의 고립 과정 등을 분석하여 의병운동 주체·경계·담론을 재구성한 연구성과가 제출되었던 것이다.[31]

성소수자를 비롯한 마이너리티의 인권 문제 또한 한국사 연구의 탈식민 과제에서 중요한 숙제다. 사실 그간 한국 사회에서 성소수자들은 존재 자체를 인정받지 못했다. 1950~60년대의 성소수자를 연구한 김대현은 한국 사회의 성소수자 인식에 대해서 다음과 같이 언급한다.

비로소 장애가 아니게 된 '현재'의 트랜스젠더, 혹은 그전부터 실은 정신병자가 아니었던 동성애자에 대해, 당신은 어째서 잘 몰랐거나, 무관심하거나, 알고 싶지 않거나, 알 필요가 없다고 느끼게 되었는가? 그 의도되거나 의도되지조차 않은 무지는 어떻게 구성되었고, 그것은 과거로부터의 어떠한 계보에서 잉태되었는가? 엄연히 존재했던 과거의 소수자적 성정체성의 편린들 앞에, 그 존재가 존재로서 육박되지 않았을 적지 않은 '우리들'이 스스로 되새겨 볼 물음이다.[32]

존재했음에도 존재하지 않은 것과 마찬가지였던 성소수자의 역사와 삶에 대해서 분석하는 연구가 비로소 등장한 것이다. 반면에 성소수자를 혐오하거나 존재의 이유를 부정하진 않지만 관용의 대상으로 인식하는 사람들도 많다. 즉 동성애를 찬성하진 않지만, 동성애자들을 인정한다는 정도의 감수성을 말한다. 그러나 성소수자들을 타자화하고 관용의 대상으로 설정하는 것은 문제의 본질에 다가가지 못하는 방식이다. 웬디 브라운에 의하면 관용은 다문화제국의 통치 전략으로 기능한다. 요컨대 소수자들에 대한 관용은 사회 전반을 안정시키기 위한 전략이며 성소수자들을 비롯한 마이너리티들을 국가체계 안에서 수용하고 시민권을 부여하지만, 적극적인 정치 참여와 연대는 이루어지지 않는 논리구조가 관용이라는 것이다.[33] 따라서 성소수자를 관용의 대상으로 설정하는 것은 그 자체로 문제적이다. 존재의 부정이 전제된 상태에서의 혐오와 관용의 틀을 넘는 인식이 필요할 것이다.

생태환경의 문제도 중요하다. 사실 인간이 생태환경의 한 구성원으로 상호 영향을 주고받았음은 너무도 자명하고 중요한 사실이다. 그리고 근대 이후 산업화의 결과로 자연환경의 파괴가 급속하게 진행되고 있는 상황은 각국의 이해관계를 초월한 전 지구인의 문제이다. 이런 현실적 상황을 감안하여 전 세계적으로 녹색운동이 벌어지고 있으며 역사학 분야에서도 생태환경사Environmental History가 대두되고 있는 추세다. 생태환경사의 등장은 역사 서술의 범위를 인간 세계로부터 자연세계로까지 확장하고, 민족과 국가를 기준으로 한 역사학의 서술체계를 전 지구적 차원으로 넓히는 효과를 가져왔다.[34] 한국사 연구자들도 최근에는 생태환경사 연구를 본격적으로 진행하고 있으며,[35] 한국생태환경사학회도 설립되어 학술지《생태환경과 역사》를 발행하는 등 연구의 폭을 넓혀가고 있다.

이렇듯 새로운 문제의식과 인권 감각에 맞추어 연구를 진행한다면, 탈식민의 과제를 수행하는 기반이 될 수 있다. 아울러 새로운 연구 주제의 탐색과 문제의식의 확장은 식민주의에 내재된 근대/전근대, 문명/야만, 발전/정체라는 인식론을 극복할 수 있을 가능성을 열어줄 것이다.

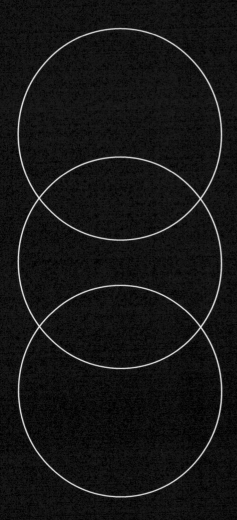

일제와 한몸인
《반일 종족주의》 진영

서승

이어지는 천황제 국가,
그리고 아베 시대

독일 연구가 미시마 교수는 "아시아에 있어서 '맹주'를 지향한 메이지 시대의 패권 지향은 지금도 여전히 일본 외교정책의 전제이자 목표로 남아 있다"고 했다.[1] 현대 일본이 제2차 세계대전을 계기로 천황제 군국주의 국가에서 국민주권, 민주주의, 평화를 기본 이념으로 하는 새로운 국가로 거듭났다고는 하나, 일본의 우익은 변화가 없음을 지적한 것이다.

아베 총리를 포함한 일본 우익세력의 역사관은, 기본적으로 1930년대부터 패전에 이르는 군국주의 파시즘 국가를 일시적인 '일탈'에 지나지 않았다고 보는 입장이다. 즉 '서구 추종, 아시아 멸시, 천황 숭배'를 기본으로 하는 천황제 군국주의의 기점이 된 메이지 유신을 현대 일본의 시작으로 정당화하고 있다.

냉전 시기 일본은 미일 안보조약과 반영구적인 미군 주둔을 바탕으로 동아시아 최대의 친미국가이자 전초기지로서의 역할을 다 해왔다. 맥아더는 천황의 목숨을 살리는 대신, '인간 선언'을 하게 하고,

왜소한 천황의 사진을 각 신문의 1면에 보도하게 함으로써 신격을 박탈한 '상징' 천황을 미군 점령정책의 수족으로 활용해왔다. 반면 일본은 냉전으로 인해 생긴 장벽을 기화로 이웃나라들에 끼친 침략·식민지 지배에 대한 책임을 나 몰라라 하면서 경제 성장을 추구해왔다. 그 와중에도 살아남은 '제국'의 뿌리는 끈질기게 부활의 기회를 노려왔는데 그 중심에는 A급 전범으로 종신형을 받았으면서도 미국의 사면 조치로 4년 만에 공직 추방 해제를 받아 정계의 중심 인물로 불사조처럼 부활한 기시 노부스케岸信介가 있었다.

기시의 목표는 미국의 통제에서 벗어나 일본의 재군비를 실현하고, 제국의 영광을 되찾는 것이었다. 그러나 '진주만 기습'의 재현을 경계하는 미국의 통제, 전쟁에 지친 일본 국민의 염전厭戰의식, 그리고 일제의 부활을 반대하는 동아시아와 세계 평화세력의 압력으로 이를 실현하지 못하였다. 대신 그 손자인 아베 신조安倍晋三가 일본군의 부활과 해외 파병을 합법화하기 위한 '개헌'의 기치를 내거는 등 노골적으로 과거 회귀에 매진해왔다. 아베는 이제 역대 일본 총리 중에서 최장 임기 기록을 갱신하면서 강고한 정치 기반을 마련해왔다.

아베가 민주주의의 기본과 일본 정치의 관행을 어겨가면서 사상 최장수 총리가 된 배경은 두 가지다. 마이너스 이자율이라는 차원이 다른 금리로 갈 곳 잃은 돈 덕분에 주가 상승을 부추기는 등 외관상 경기부양을 해낸 것이 그 하나다. 다른 하나는 1994년에 선거제도를 '소선거구 비례대표병립제'로 개편해, 유권자 3분의 1의 득표만으로 공명당을 포함한 여당이 의석수의 3분의 2를 차지하도록 해 1강구도를 형성한 것이다. 거기에는 냉전의 종언 이후 민주주의의 현저한 후

퇴, 포퓰리즘적 선동에 의한 자국 중심주의와 배외주의, 정당정치와 사회적 중간조직의 약체화가 작용했다. 미국의 약체화에 따라 일본의 발언권과 독자성이 커진 것도 한몫했을 것이다. 그런 일본은 냉전 구도의 지속과 '한미일 동맹체제'의 지속을 누구보다도 바라기에 남북 화해나 협력이 두려울 수밖에 없다.

평화주의의 붕괴와 만연하는 배외주의, 증오범죄Hate Crime

일본은 학생운동과 베트남 반전운동으로 점철되는 1960년대 '반역의 시대'를 넘어서, 1970년대부터 국제화 시대에 접어들었다. 이전에는 일본의 정치·외교가 '단일민족 신화'에 안주하는 내향적 성격을 가지고, 외부와의 연관을 애써 차단하는 경향이 있었다. 국내에서 강경파가 대두되더라도 헌법 9조, 비핵 3원칙, 무기 수출 금지 3원칙 등 평화주의의 테두리를 크게 벗어나지 않는 범위에서 외교적 위치를 유지해왔다. 물론 실제는 미군정하에 구 일본 군인을 한국전쟁에 참전시켰으며, 1953년 '주권 회복' 후에도 동아시아 독재정권에 대한 최대의 정치적·경제적 지원자로 각국 독재정권에 대한 외교적 승인과 경제 지원에 앞장서왔다. 이와 함께 베트남전쟁, 아프간·걸프전쟁, 시리아 위기에서 미군의 적극적 후방기지로서 역할을 다 해왔다. 아베 정권이 들어선 다음에는 무기 수출 자유화와 자위대 해외 파병의 법제화 등 평화주의를 공동空洞화하는 실질적 개헌이 급속도로 진행되어왔다.

헌법 9조 평화주의의 무력화에 따라 일본의 내부에서도 우경화가 급속도로 진행되어, 이제는 젊은이와 보통시민들 사이에서도 배외주의, 협소한 국익주의가 힘을 얻고 있다. 일본의 평화주의, 민주주의, 인권 개념이 퇴행하기 시작한 것은 70년대 이후라고 생각할 수 있다. 즉, 국제정치의 환경 변화에 따라서 시작된 국제화의 파도도 '다민족 다문화 공생'과 같은 미국식 다원주의diversity의 유행을 가져오는 한편, 타민족·타문화에 대한 배타주의와 국수주의의 대두를 초래했다.

1986년경부터 시작한 거품경기는 일본에 공전의 물질주의와 욕망으로 가득찬 '금박시대Guiled Age'를 가져왔으나 1989년에 거품이 꺼지면서 '잃어버린 30년'이 시작됐다. 이 시기는 동시에 중국의 정치경제적 대국화의 시대이기도 했다. 고도성장 시기의 일본은 전쟁과 식민지 지배 피해국과 정면으로 충돌함이 없이 '경무장, 고도경제성장'을 구가할 수 있었다. 그러나 냉전 붕괴 이후, 미국은 냉전의 종결이라는 자산을 평화의 배분에 쓰지 않고, 냉전시기에는 봉인되었던 '인종·종교분쟁'을 '전쟁의 일상화'로 대처하여 세계를 수렁 속으로 끌어들였다. 자국이 처한 정치적·경제적 곤경을 '신자유주의'로 대처하면서 패권국가의 체면도 벗어 던지고, 일국 중심주의로 돌아선 것이다. 자율적인 사고를 할 줄 모르는 일본 또한 종전의 미국 종속, 아시아 경시정책에 머물면서 미국의 '떡고물'에 매달리는 정책을 벗어나지 못해 미래의 전망을 상실해버렸다. 이 세계적 구조 변화 속에서도 냉전시기의 떡고물을 잊지 못하고 냉전의 지속을 바라는 세력이 일본과 일체화 된 '친일파'인 것이다.

조선은 일본에게 특별한 존재였다. 조선은 일본의 이웃에 자리하면서 오랜 역사를 통해 선진문화 유입과 대륙 침략의 통로 구실을 했다. 메이지 이후, 일본은 홋카이도, 류큐, 타이완에 대한 침략을 감행했는데, 조선은 일본이 제국주의 국가로 발돋움하기 위해 넘어야 할 벽이었다. 그 규모나 문화적인 성숙도에서 조선은 다른 지역과 비교가 안 되는 지역이었기 때문이다. 개별적인 능력이나 외모에서도 일본인과 유사하고 문화적으로 앞선 조선을 지배할 수 있는 타당한 이유를 설명하기 위해, 일본은 조선인을 철저하게 열등한 존재로 만들지 않을 수 없었다. 조선총독부가 광범한 조사사업을 통해 조선인·조선문화의 열등함을 강조했던 이유다. 제국의 지배논리는 차별의 논리며, 조선인 열등론은 제국의 존재 이유이기도 했다.

일제 패망 후에도 일본에서 조선인 차별은 계속되었다. 그것이 폭발한 것이 2001년 '고이즈미 방조訪朝'를 계기로 불거져나온 '일본인 납치 문제'다. 이 사건은 일본을 과거 아시아에 대한 가해국에서 처음으로 '피해자'란 면죄부를 거머쥘 수 있는 호기를 만들어주었으며, 아베의 조선차별주의와 일본찬미론을 선양하는 계기를 만들어주었다. 이것이 유례없는 조선·조선인 때리기와 조선학교에 대한 공격을 촉발했으며, '반反중국', '혐한'으로 이어지는 일본 국수주의의 불을 당겼다고 할 수 있다.

2005년 5월, 시마네현의 '독도의 날' 선포는 영토 확장주의의 욕망의 상징이었으며, 역사교과서 문제, 야스쿠니 문제, 일본군'위안부' 문제 등을 '동아시아 반일 시위'를 불러일으켜 일본과 동아시아의 대립을 노출시켰다. 일본에서는 2000년대에 증오 표현Hate Speech이 일상화되어, 조선학교, 재일조선인에 대한 증오범죄Hate Crime가 극에 달했다.

그것이 '한일 위안부 합의'나 징용공 문제를 빌미로 문재인 대통령 개인에 대한 혐오 선동으로까지 번졌다. '민주주의', '정의', '공정'이라는 말을 싫어하는 일본은 반공·북한 적대를 내세워 한국 정부를 구태의연한 '한미일 군사동맹'의 틀 안에 묶어놓으려고 끊임없이 애써왔다. 이는 바로 일본 중심의 반공·반중국의 동아시아 세계를 복구하려는 의도에 따른 것이라 할 수 있다.

친일파는 누구인가

친일파라는 일본의 분신을 동원하여 일본의 동아시아 주도권을 확보하려는 기도는 《반일 종족주의》에서 그 전형을 볼 수 있다. 친일파란 '일본을 좋아하고, 일본에 호감을 가지는 자들' 정도로 이해되기도 하지만, 식민지 시대에 일본의 앞잡이로 일제의 정책 수행에 적극 충성한 자들이다. 필자는 친일파란 일제와 일체화 된 한몸의 일부라고 정의하고자 한다.

한국에서는 해방 직후 '반민특위'가 친일파와 이승만의 개입으로 붕괴된 이후 '반공국시'의 명분 아래 친일이 친미의 허울을 갈아 쓰면서 사회의 주류를 형성해왔다. 친일파는 오랫동안 본색을 드러내기를 꺼리고 있다가, 21세기 들어 친일 역사 왜곡의 경향이 노골화되자 2008년 이명박 정권에서는 광복절을 부정하고 1948년을 건국절로

할 것을 주장하여 물의를 빚었다. 2009년 말에《친일인명사전》이 출간되어 친일 행위자에 대한 사회적 비판이 높아지자, 과거에 친일행위를 숨기거나 호도해온 세력들이 "친일이 무엇이 나쁘냐?" 또는 "친일했기에 경제 발전이 되었다" 등으로 반발했다. 급기야 조갑제는 "친일이 애국"이라고 정면에서 친일행위를 '애국'의 수준까지 끌어올려 찬양하기에 이르렀다. 조갑제는 "식민지 시기에 일본군에서 군사기술을 배우고, 일제 고등계에서 심문이나 고문기술을 배웠기에 해방 후 빨갱이와 싸워서 대한민국을 건국하여, 수호할 수 있었다"고 대놓고 '친일애국론'을 폈다. 친일행위가 우리 민족을 망친 것이 아니며, 친일파가 이 나라를 만든 주인공임을 천명한 것이다.

물론 이런 주장은 해방 직후부터 있었으며 그간 친일파의 속내로 이어져왔다. 이 '친일건국론'이《반일 종족주의》라는 희대의 반민족적이고, 반민주적·반인권적 선전물이 한점 부끄러움도 없이 세상을 돌아다니게 된 배경이라고 할 수 있다.

《반일 종족주의》는 한국에서 '태극기부대'나 극우교회 등을 중심으로 10만 부 넘게 팔렸다고 한다. 일본에서 분게이슌슈文藝春秋사가 한국에서 책이 나오자마자 재빨리 번역, 출판하고는, 신문, 잡지, TV 할 것 없이 각 매체의 머릿기사를 서평과 이영훈, 이낙년, 이영우 등의 기고나 인터뷰로 도배하는 등 대대적인 판촉에 나섰다. 지난 12월에 일본에 갔을 때 듣기로는 일어판이 40만 부가 팔렸다 했다. 가히 일본 우익과 한국의 뉴라이트 진영이 한몸이 되어 상승효과를 불러일으켰다고 볼 수 있다. 이는 징용공 문제나 '위안부' 문제에 원칙을 고수하고자 하는 한국 정부와 민심, 여론에 대한 총공격인 셈으로,

한국인을 자칭하는 친일세력이 한국 정부의 배후에서 칼을 꽂는 더티 플레이에 힘을 보탠 격이다.

식민지란 무엇인가

《반일 종족주의》는 통계의 왜곡이나 사료의 자의적 발췌를 통해서 구미에 맞는 내용을 날조하고 있다. 일제 식민지 시기에 조선총독부나 관변단체, 민간매체 등이 공정하게 숫자를 다루었다고 주장하지만 '식민지'라는 것이 무엇인가 하는 기본적인 인식에서부터 오류를 범하고 있다. 기무라 칸木村幹과 같은 보수적 논자는 "(그 지역의) 법률의 차이에 의해서 현지 주민이 가지는 권리의무 관계가 (식민지) 본국의 그것보다 떨어져 있는 지역"[2]이라고 식민지를 정의하고 있는데, 이는 본질을 호도하고 있는 것이다. 식민지란 '권리의무 관계의 차이' 정도의 문제가 아니고, 식민지 지배를 받는 집단이 자기 운명에 대한 결정권, 즉 주권을 박탈당하는 것을 말한다.

노예제 폐지가 노예들의 치열한 해방투쟁과 더불어 퀘이커 교도 등 일부 인도주의적인 노예해방 운동가들의 노력의 결과라 하기도 하고, 백인 농장주 중에는 흑인노예의 아이를 자기 딸과 함께 키운 이야기도 전해온다. 이를테면 노예제와 관련한 긍정적 측면을 본 것이다. 식민지 시기 선의의 일본인도 기껏해야 '차별에 반대하고 조선사람을 참된 일본 신민으로, 천황의 적자赤子'로 만들려고 한 것이지, 식민지에서 해방시키려 한 자들은 지극히 소수에 지나지 않았다. 필자 어머니는 열 살 남짓에 교토 니시진의 직물공장에 직녀로 입주한 후, 부지런하고 정직하다고 주인의 귀여움을 받아 "좋은 사람에게 시집 보내주니 하는 이야기가 나올 때마다 두려워서 도망쳤다"고 술회한 적이 있다. 독립된 인간이나 민족으로 평등하게 대하는 것이 참된 선의인 것이다. 식민지 지배자나 노예주의 오만한 눈에는 보이지 않는 감성이다.

2001년 8~9월, 남아공의 더반에서 '인종주의 반대, 차별 철폐'를 위한 세계인권대회가 열려 노예제를 '인도에 반하는 범죄Crime against Humanity'로 규정했다. 이 NGO회의에서 식민지 지배도 범죄로 규정되었다. '인도에 반하는 범죄'란 나치의 제노사이드(인종말살범죄)와 같은 범죄라는 것이 국제인권법적인 규정이다. 그 어떤 이유에서라도 친일파의 일제 식민지 지배 찬양이 허용될 수 없는 까닭이다.

민족주의에 대한 이해

이영훈은 《반일 종족주의》에서 이렇게 서술한다. "한국의 민족주의는 서양에서 발흥한 민족주의와 구분됩니다. 한국의 민족주의는 자유롭고 독립적인 개인이란 범주가 없습니다. 한국의 민족은 그 자체로 하나의 집단이며, 하나의 권위며, 하나의 신분입니다. 그래서 차라리 종족이라 함이 옳습니다." 이 언명 역시 민족에 대한 기본적인 개념의 무지 내지 무시에서 오는 망발이다. 우선 종족tribe은 인류발전사에서 아직 국가체계를 이루지 못한 낮은 단계의 집단을 의미하는 만큼, 고대를 제외하고 오랫동안 왕국을 이루어 온 한국에는 해당되지 않는 말이다. 그러려면 일제가 말한 당파나 붕당의 폐해, 오늘날의 지역주의나 학벌, 계층 간의 빈부의 격차를 논하는 것이 마땅하리라.

네이션Nation이란 동일한 정부 아래서 언어, 문화, 풍습, 경제생활, 역사, 전통을 공유하는 인간집단을 말한다. 민족주의란 내셔널리즘Nationalism의 번역어이다. 서구사회에서는 봉건사회의 붕괴와 더불어 나타난 주권국가와 국민, 시민사회를 설명하기 위해 쓰인 말이다. 즉, 신분제도에서 해방되어 개인이 주권을 가지고 자주적으로 행동하며, 국민국가Nation State 국경 안에서는 평등한 인간집단을 이루는 것을 뜻해 국민주의로도 번역되었다. 그러던 국민주의가 자본주의의 독점자본주의화에 힘입어 제국주의로 변질되자 국가 중심의 국가주의로 번역되었다.

민족주의는 제국주의의 침략이나 억압으로 집단적인 멸망에 처하여 저항으로 뭉친 집단의 '생존, 해방, 독립'을 지향하는 사고를 말한다. 반제국주의 투쟁을 위해 단결하는 과정에서 집단 안의 동질성 달성이나 의사결정 방법, 저항의 기술이나 무기 생산기술 등을 서구에서 배웠으나, 서구사회에 대한 저항이라는 점에서 제국주의와는 정반대인 것이다. 따라서 이영훈이 말하는 네이션은 이념형적인 서구 시민사회의 시민의 특징을 나열했을 뿐이고 그 개념이 역사적인 맥락 속에서 전혀 다른 개념을 갖는 것을 이해하지 못한 결과이며, 민족주의에 대한 기본적인 이해가 없음을 말하고 있다.

우리가 사는 이 시대는 어떤 시대인가? 강대국에 의해 무참하게 찢기고 전쟁의 공포 속에서 일상을 사는 시대다. 이제 그 상황을 극복하고자 하는 노력마저 같은 삶의 터전에 암세포처럼 뿌리박고 있는 '친일파'라는 제국주의에 의해서 심각하게 방해받고 있다. 동아시아는 서구 제국주의와 마찬가지로 침략자로 등장한 일제의 팽창운동 속에서 만들어져왔으며, 제2차 세계대전이라는 반파시즘투쟁을 거친 후에도 제국주의와 피억압 민족이라는 근본모순은 말끔히 해소되지 않았다. 그 모순이 집중적으로 가장 잔인하게 드러난 곳이 바로 우리나라다.

《반일 종족주의》는 구구절절 일제의 식민지 통치를 찬양하고 우리 겨레를 거짓말과 사기가 몸에 밴 구제불능의 무지몽매한 '종족'으로 매도하고 있다. 그런 주장이야말로 《반일 종족주의》 진영이 일제와 별개가 아니고 한몸인 것을 스스로 고백하는 증거인 것이다.

'친일 레짐Regime'이라고 하자

한일 간의 갈등, 즉 아베가 일본제국주의의 정통성을 옹호하고, 그 식민지 지배를 정당화하고자 함은 거시적으로 보면 19세기와 20세기의 사이의 역사의 전환점 이래 100년 이상 연속되어온 제국주의와 민족주권·인민주권을 지향하는 해방세력과의 최종 대결의 국면에 들어왔다는 한 사례이다. 즉 일제의 인적·물적·정신적·제도적 레짐과 어떻게 맞서고, 극복하느냐 하는 문제가 결정적으로 부상했다.

백낙청 선생은 이와나미 서점의 《세카이世界》 2020년 5월호에 기고한 〈친일 잔재의 청산에 대하여〉에서 나의 인식과 마찬가지로 '원래 한몸인' 한일 제국주의가 그 위장의 탈을 벗어 던지고 하나 된 것으로 보고 그것의 극복을 우리의 과제로 제시했다. 청산되어야 하는 대상을 인적 요인에 치우쳐 있는 '친일 잔재' 보다 제도적인 측면까지 포함하는 '일제 잔재'라고 하는 말이 더 적합하다고 한다.[3] 나는 그 고견에 전폭적인 찬성을 하는 바이나, 앞으로는 '일제 잔재'라고 하는 일반적인 용어보다 일제의 지배라고 하는 우리 역사의 가혹한 특수성을 부각하기 위해 "친일 레짐Regime"이라는 용어를 쓸 것을 제안하고 싶다. '친일'에는 개별 인사만을 가리키지 않고, 그들의 정치·군사·경제적 패악이 포함되어 있으며 그들이 장악하고 마음껏 활용한 제도도 포함되기 때문이다.

주석·참고문헌

자기 부정의 역사 서술(이철우)

1) 이영훈, 〈왜 다시 해방전후사인가〉, 박지향·김철·김일영·이영훈 엮음, 《해방전후사의 재인식》제1권, 책세상, 2006, 45쪽.

2) "조선시대의 국가의 성격을 사회구성체론적 견지에서 정의하여야 하는 어려움 때문에 아시아적 토지국유 명제라는 망령이 쉽게 없어지지는 않겠지만, 이 부분을 제외한다면 국유론자들의 조선 후기 토지소유형태에 대한 이해가 토지귀속관계의 변동이라는 측면에서 '사업'사를 완전히 다르게 구성하는 정도에 이르는 것은 아니라는 점에 일단 만족할 수 있다. …… 민전에서의 사적 소유권에 대한 그[이영훈]의 이해는 조선시대 소유권의 사권성, 개인권성, 재산권성을 강조한 박병호의 시각과 별로 다름이 없을 뿐만 아니라 소작권의 안정성을 지나치게 강조하여 이를 농민적 소유로 간주하기도 하는 일부 사유론자들의 오류를 시정하기까지 하는 면모를 보이고 있다." 이철우, 〈토지조사사업과 토지소유법제의 변천〉, 박병호 교수 환갑 기념, 《한국법사학논총》, 박영사, 1991, 354쪽.

3) 김용섭, 《조선 후기 농업사연구 I》 중판, 일조각, 1982.

4) 강성현, 《탈진실의 시대, 역사부정을 묻는다》, 푸른역사, 2020.

5) 이영훈은 《해방전후사의 재인식》에서 다음과 같이 말하였다. "'사회구성체논쟁'에 참여한 사람들로부터 그들이 얼마나 커다란 집단 오류에 빠져들었는지에 대한 진지한 반성이 제기된 적은 없다. 그들은 약속이나 한 듯이 침묵했다. '과거를 묻지 마세요'"(제1권, 49면).

1) 이영훈 외, 〈거짓말의 나라〉, 《반일 종족주의》, 미래사, 2019.

2) 이 이영훈의 '거짓말' 관련 통계의 오류와 문제점에 대해서는, 장제원, 〈한국인은 거짓말쟁이?《반일 종족주의》의 '경악' 프롤로그〉, 오마이뉴스 인터넷판, 2019. 9. 2 참조.

3) 《반일 종족주의》, 11~13쪽.

4) 보다 자세한 내용은 이영훈, 〈광기어린 증오의 역사소설가 조정래 – 대하소설 《아리랑》을 중심으로〉, 《시대정신》 35, 2007 여름호 참조.

5) 허수열, 〈상상과 사실 – 이영훈 교수의 비판에 다시 답한다〉, 《경제사학》 54호, 2013.

6) 〈원희복의 인물 탐구: 식민지 근대화론 비판 허수열 "이영훈 경제 통계 모두 엉터리"〉, 《경향신문》 2019년 9월 28일(인터넷판).

7) 조정래 작가는 MBC라디오 〈김종배의 시선집중〉(2019년 8월 29일)에 나와 이영훈의 주장을 반박한 바 있다.

8) 〈대한민국 근·현대사를 바로 쓰다〉, 《대안교과서 한국 근현대사》, 6~7쪽 참조.

9) 《대안 교과서 한국 근·현대사》, 78쪽.

10) 《대안 교과서 한국 근·현대사》, 84쪽;《경기도 현대사》, 18쪽.

11) 전강수, 〈총칼로 빼앗는 게 아니면 '수탈'이 아닌가?〉, 오마이뉴스 인터넷판, 2019. 10. 18.

12) 박찬승, 〈5. 식민지 근대화론에 매몰된 식민지 시기 서술〉, 《뉴라이트 위험한 교과서 바로 읽기》, 104~108쪽 참조.

13) 조선총독부 농림국, 《조선소작연보》 제1집, 1940, 8~9쪽. 조동걸, 《일제하 한국농민운동사》, 한길사, 102쪽, 111쪽에서 재인용.

14) 일제강점기 뉴라이트의 경제성장론에 기초한 식민지 근대화론에 대한 전면적인 비판은 허수열의 역저 《개발 없는 개발》, 은행나무, 2005을 참조하라.

15) 자세한 비판 내용은 박찬승, 〈5. 식민지 근대화론에 매몰된 식민지 시기 서술〉, 《뉴라이트 위험한 교과서 바로 읽기》, 122~128쪽 참조.

16) 宮田節子, 이형랑 역, 《조선민중과 '황민화' 정책》, 일조각, 1997.

17) 《대안 교과서 한국 근·현대사》, 132쪽.

18) 일제 말 저항운동의 자세한 양상에 대해서는 다음 연구서를 참조하라. 변은진, 《일제 말 항일비밀결사운동 연구》, 선인, 2018.

19) 《대안 교과서 한국 근·현대사》, 99~100쪽.

20) "식민주의 청산과 평화 실현을 위한 한일시민 공동선언"(2010. 8), 강제병합100년 공동행동 한일실행위원회.

21) 〈대한민국 근·현대사를 바로 쓰다〉, 《대안 교과서 한국 근·현대사》, 6~7쪽.

22) 《대안 교과서 한국 근·현대사》, 134쪽.

23) 그런데 이영훈 교수가 말하는 7월 4일의 미국의 "건국기념일"은 실은 "독립기념일 Independence Day"을 말하는 것이다. 곧 독립선언서를 채택한 1776년 7월 4일 13개 주 식민지 대표들이 필라델피아에 모여 독립선언서를 만장일치로 채택하고 미국의 독립을 선포한 날이다. 그리고 영국과의 전쟁을 통해 1783년 영국과 평화조약을 맺음으로써 독립을 달성했다. 이어 1788년 현행 미합중국 헌법을 채택하고 조지 워싱턴은 1789년 초대 대통령으로 취임했다. 미국의 건국기념일 곧 독립기념일은 우리에게는 독립선언서를 발표한 1919년 3월 1일에 해당한다(한상권, 〈뉴라이트의 역사 반란 – 대한민국의 정통성과 정체성〉, 한국사교과서 국정화에 대한 전문가토론회 자료집), 《국정화 강행 무엇이 문제인가》, 2015. 11. 11. 15~16쪽 참조).

24) 노컷뉴스, 2008년 8월 13일 기사 참조.

25) 《반일 종족주의》, 386쪽.

———

이영훈, 《대한민국 이야기》, 기파랑, 2007.

교과서포럼, 《대안 교과서 한국 근·현대사》, 기파랑, 2008.

대한민국건국60주년기념사업추진위원회, 《건국60년》, 2008.

이명희 외, 《검인정 한국 근현대사》, 교학사, 2013.

이영훈, 《경기도 현대사》, 경기문화재단, 2013.

박지향, 《제국의 품격》, 21세기북스, 2018.

이영훈 외, 《반일 종족주의》, 미래사, 2019.

이영훈, 〈광기어린 증오의 역사소설가 조정래 – 대하소설 《아리랑》을 중심으로〉, 《시대정신》 35, 2007년 여름호.

조동걸, 《일제하 한국농민운동사》, 한길사, 1979.

宮田節子, 이형랑 역, 《조선민중과 '황민화' 정책》, 일조각, 1997.

강만길 엮음, 《한국 자본주의의 역사》, 역사비평사, 2000.

김희곤, 《대한민국임시정부 1 – 상해시기》, 독립기념관 독립운동사연구소, 2008.

한시준, 《대한민국임시정부 3 – 중경시기》, 독립기념관 독립운동사연구소, 2008.

역사교육연대회의, 《뉴라이트 위험한 교과서 바로 알기》, 서해문집, 2009.

강제병합100년 공동행동 한일실행위원회, 〈식민주의 청산과 평화 실현을 위한 한일시 민공동선언〉, 2010. 8.

허수열, 〈상상과 사실 – 이영훈교수의 비판에 다시 답한다〉, 《경제사학》 54호, 2013.

변은진, 《일제말 항일비밀결사운동 연구》, 선인, 2018.

한상권, 〈뉴라이트의 역사반란 – 대한민국의 정통성과 정체성〉, 한국사교과서 국정화에 대한 전문가토론회 자료집, 《국정화 강행 무엇이 문제인가》, 2015. 11. 11.

이만열, 〈1948년, '대한민국 수립'인가 '대한민국정부' 수립인가〉, 《시민·학생과 함께 하는 거리 역사강좌 1강 강의자료》, 2015. 11. 21.

노컷뉴스, 2008년 8월 13일 기사 참조.

조정래 작가 인터뷰, MBC 라디오, 〈김종배의 시선집중〉, 2019년 8월 29일 자.

장제원, 〈한국인은 거짓말쟁이?《반일 종족주의》의 '경악' 프롤로그〉, 오마이뉴스, 2019. 9. 2.

〈원희복의 인물 탐구: 식민지 근대화론 비판 허수열 "이영훈 경제 통계 모두 엉터리"〉, 《경향신문》 2019년 9월 28일(인터넷판).

전강수, 〈총칼로 빼앗는 게 아니면 '수탈'이 아닌가?〉, 오마이뉴스 인터넷판, 2019. 10. 18.

민족주의와 반일 종족주의(전재호)

1) 《대안 교과서 한국 근·현대사》에 대한 분석은 졸고 〈한국 근현대사 교과서를 둘러 싼 역사 인식 갈등 연구〉(전재호 2019)를 참고하시오.

2) 《종족 민족주의》의 근간이 되는 근대주의적 민족론에 대한 반론은 방민호(2019)를 참고하시오.

3) 한국의 민족 등장 시기와 관련해서는 1990년대 초반부터 논쟁이 시작되었고, 이는 2000년대 탈민족주의 논쟁으로 발전되었다. 이러한 흐름에 대해서는 졸고(전재호, 2018)를 참고하시오.

4) 2020년 2월 2일(일) 밤 후지TV의 일요일 간판프로그램 〈이케카미 아키라池上彰의

스페셜〉은 '현지긴급취재 한국 반일주의의 행방'이라는 주제로 《반일 종족주의》의 저자 이영훈 교수를 전격 취재했다.

강성현, 〈한국 역사수정주의의 현실과 논리: '반일 종족주의 현상'을 중심으로〉, 《황해 문화》, 2019, 105쪽.

교과서포럼, 《대안 교과서 한국 근·현대사》, 기파랑, 2008.

김광억, 〈총론: 종족Ethnicity의 현대적 발명과 실천〉, 김광억 외, 《종족과 민족: 그 단일 과 보편의 신화를 넘어서》, 아카넷, 2005.

박지향 외, 《해방전후사의 재인식》 1·2, 책세상, 2006.

방민호, 〈'민족'에 관하여: 근대주의적 민족론에의 비판적 조명〉, 《국제한인문학연구》 25, 2019.

이영훈, 《대한민국 이야기: 해방전후사의 재인식 강의》, 기파랑, 2007.

전재호, 〈2000년대 한국의 '탈민족주의' 논쟁연구: 주요 쟁점과 기여〉, 《한국과 국제정 치》, 2018, 102쪽.

전재호, 《민족주의들: 한국 민족주의의 전개와 특성》, 이매진, 2019.

21세기연구회, 전경아 옮김, 《한눈에 꿰뚫는 세계 민족도감》, 이다미디어, 2018.

일본제국주의 식민통치를 어떻게 볼 것인가I(홍종욱)

[1] 이영훈, 《한국경제사 2》, 일조각, 2016, 301~302쪽.

[2] 헤이든 화이트, 천형균 역, 《메타 역사 I - 19세기 유럽의 역사적 상상》, 지식을만드 는지식, 2011, 369~371쪽.

[3] 李丙燾, 《朝鮮史大觀》, 同志社, 1948, 3쪽. 랑케와 이병도의 역사학에 대해서는 홍종 욱, 〈실증사학의 '이념' - 식민지 조선에 온 역사주의〉, 《인문논총》 76 - 3, 2019. 8 참조.

[4] 홍종욱, 〈3·1운동과 비식민화〉, 한국역사연구회 3·1운동 100주년 기획위원회 편, 《3·1운동 100년 3 권력과 정치》, 휴머니스트, 2019 참조.

[5] 김동명, 《지배와 협력 - 일본제국주의와 식민지 조선에서의 정치참여》, 역사공간, 2018, 77~79쪽.

6) 김명식, 〈민족단체 재건 계획에 대하야 – 분열이냐? 배반이냐?〉, 《비판》 2 – 3, 1932. 3, 4~7쪽.

7) 太田修, 《日韓交涉—請求権問題の研究—》, クレイン, 2003, 189~190쪽.

8) 《新編 新しい社会 歴史》(2015 検定済), 東京書籍, 209쪽.

9) 김동명, 《지배와 협력》, 127~128쪽.

10) 주익종, 〈애당초 청구할 게 별로 없었다 – 청구권 협정의 진실〉, 이영훈 외, 《반일 종족주의》, 미래사, 2019, 127쪽.

11) 오타 오사무, 홍종욱 역, 〈한일청구권협정 '해결 완료'론 비판〉, 《역사비평》 129, 2019. 11, 149쪽.

12) 이영훈, 〈조선시기 토지소유관계 연구 현황〉, 近代史研究会 編, 《韓国中世社会 解体期의 諸問題(下)—朝鮮後期史 연구의 현황과 과제》, 한울아카데미, 1987, 93~94쪽.

13) 홍종욱, 〈내재적 발전론의 임계: 가지무라 히데키와 안병태의 역사학〉, 강원봉 외, 《가지무라 히데키의 내재적 발전론을 다시 읽는다》, 아연출판부, 2014, 70쪽.

14) 安秉珆, 《朝鮮社会の構造と日本帝国主義》, 龍渓書舎, 1977, 258쪽.

고종, 그리고 일제 강압 속의 조약들(강성은)

하라다 다마키, 〈제2차 일한협약 조인과 대한제국 황제 고종〉, 《청구학술논집》 제24집, 2004.

하라다 다마키, 〈일로전쟁과 한국문제〉, 《일로전쟁과 동아시아세계》, 유마니서방, 2008.

하라다 다마키, 〈병합에 이르는 시기의 대한제국의 정치상황 – 보호조약으로부터 병합조약에 걸쳐서〉, 《동아시아근대사》 제14호, 2011.

강성은, 한철호 옮김, 《1905년 한국보호조약과 식민지 지배 책임 – 역사학과 국제법학과의 대화》, 선인, 2008.

강성은, 〈고종황제의 1905년 한국보호조약 '재가' 문제와 조약 합법·불법 논쟁의 과제〉, 《조선사연구회 논문집》 제49집, 2011.

대법원 '강제동원 판결' 공격은 문제투성이(김창록)

1) 대법원 2018. 10. 30. 선고 2013다61381 전원합의체 판결.
2) 이하 괄호 안의 숫자는 인용문이 실린《반일 종족주의》의 면수이다.
3) 비문이다. 사실이 아니면 거짓일 뿐, "거짓말일 가능성"이 큰 것이 아니다.
4) 大阪高等裁判所平成13年(ネ)第1859號, 2002. 11. 19.
5) 〈대한민국과 일본국간의 재산 및 청구권에 관한 문제의 해결과 경제협력에 관한 협정〉, 1965. 6. 22. 서명; 1965. 12. 18. 발효.
6) 〈일본국과의 평화조약Treaty of Peace with Japan〉, 1951. 9. 8. 서명; 1952. 4. 28. 발효.
7) 대한민국정부, 《한일회담백서》, 1965, 40~41쪽.
8) 다만 법적으로는 한국은 샌프란시스코 조약의 서명국이 아니므로 그 조약에 구속되지 않으며, 조약 제21조에 따라 일정한 "이익을 누릴 권리"를 가질 뿐이다.
9) 대한민국정부, 《대한민국과 일본국간의 조약 및 협정 해설》, 1965, 84쪽.
10) 〈Vienna Convention on the Law of Treaties〉, 1969. 5. 23. 작성; 1980. 1. 27. 발효.

김창록, 〈한일 〈청구권협정〉에 의해 '해결'된 '권리' – 일제 '강제동원' 피해 관련 대법원 판결을 소재로〉, 《법학논고》 49, 경북대, 2015.
김창록, 〈대법원 강제동원 판결 국면 점검〉 ①~⑦, 오마이뉴스, 2019(http://www.ohmynews.com/NWS_Web/View/at_pg.aspx?CNTN_CD=A0002557783&CMPT_CD=SEARCH).

쌀을 팔아 다른 소비를 늘렸을 것이라고?(이송순)

강만길 편, 《한국 자본주의의 역사》, 역사비평사, 2000.
김낙년 편, 《한국의 경제성장 1910~1945》, 서울대출판부, 2006.
우대형, 《한국 근대농업사의 구조》, 한국연구원, 2001.
우대형, 〈일제하 미곡생산성의 추이에 관한 재검토〉, 《경제사학》 58, 2015.
이영훈, 〈토지조사사업의 수탈성 재검토〉, 《역사비평》 1993년 가을호, 1993.

이영훈 편,《수량경제사로 다시 본 조선 후기》, 서울대출판부, 2004.

이영훈 외,《반일 종족주의》, 미래사, 2019.

장시원, 〈산미증식계획과 농업구조의 변화〉,《한국사 13 – 식민시기의 사회경제(1)》, 한
　　길사, 1994.

허수열,《개발 없는 개발 – 일제하 조선경제 개발의 현상과 본질》, 은행나무, 2005.

허수열,《일제 초기 조선의 농업》, 한길사, 2011.

조선인 병력 동원을 어떻게 볼 것인가(김상규)

藤原彰,《餓死した英靈たち》, 靑木書店, 2001.

다카시 후지타니 지음, 이경훈 옮김,《총력전 제국의 인종주의》, 푸른역사, 2019.

정혜경·허광무·조건·이상호,《반대를 론하다》, 선인, 2019.

정혜경,《조선청년이여, 황국신민이 되어라》, 서해문집, 2010.

요시다 유타카 지음, 최혜주 옮김,《일본의 군대 – 병사들의 눈으로 본 근대일본》, 논형,
　　2005.

이재원, 〈제1차 세계대전과 프랑스의 식민지인 병사〉,《프랑스사 연구》31, 2014.

친일반민족행위진상규명위원회,《친일반민족행위진상규명보고서 III-3》, 2009.

일본군 '위안부'가 돈 잘 버는 '매춘부'였다고?(강성현)

[1] 이 글은 강성현,《탈진실의 시대, 역사부정을 묻는다: '반일 종족주의' 현상 비판》, 푸른역사, 2020에 나와 있는 내용을 가져와 요약 정리한 것임을 밝혀둔다.《반일 종족주의》에 서술된 글의 인용은 각주로 표기하지 않고 본문에 해당 쪽을 바로 표기한다.

[2] 김용삼, 〈이영훈 교수의《반일 종족주의》독자 여러분에게 드리는 말씀〉,《펜앤드마이크》, 2019. 8. 16.

[3] 이타가키 류타, 김부자 엮음,《'위안부' 문제와 식민지 지배 책임》, 삶창, 2016, 17쪽.

[4] 박정애, 〈일본군 '위안부' 문제의 강제동원과 성노예: 공창제 정쟁과 역사적 상상력의 빈곤〉,《페미니즘 연구》제19권 2호, 2019, 63~64쪽.

5) 모리카와 마치코, 김정성 옮김, 《버마전선 일본군 '위안부' 문옥주》, 아름다운 사람들, 2005, 121, 126~128쪽.

'반일 종족주의 사태'와 한국사 연구의 탈식민 과제(김헌주)

1) 조국 페이스북 게시물, 2019년 8월 5일.

2) 《중앙일보》, 〈[윤설영의 일본 속으로] '혐한 비지니스'가 촉발한 '반일 종족주의' 신드롬〉, 2019년 12월 2일.

3) 2장의 내용은 한국역사연구회 웹진 〈歷사랑〉에 기고한 《반일 종족주의》를 읽는 법〉을 수정·보완한 것이다.

4) 이영훈, 〈왜 다시 해방전후사인가〉, 《해방전후사의 재인식》 1, 책세상, 2006, 56쪽.

5) 《반일》, 28쪽.

6) 《반일》, 173쪽.

7) 샤머니즘 자체가 격하 대상이 될 수는 없지만, 본문에서 그런 의미로 쓰고 있기에 그 서술에 입각해서 논의를 전개하겠다.

8) 정병준, 《우남 이승만 연구》, 역사비평사, 2005.

9) 《반일》, 148~149쪽.

10) 이영훈, 2004, 〈민족사에서 문명사로의 전환을 위하여〉, 《국사의 신화를 넘어서》, 휴머니스트.

11) 이영훈, 《재인식》 1, 책세상, 2006, 55~56쪽.

12) 근대문명에 대한 대안적 해석과 비판에 대해서는 이미 많은 논의들이 진행되었다. 필자는 (서구) 근대문명이 가져온 인권해방 등의 순기능을 인정하되, (서구) 근대문명이 이식한 식민주의의 그늘에 대해서는 성찰해야 한다는 입장을 가지고 있다. 본문의 서술은 근대문명에 관한 예찬이 아니라 《반일》의 서술이 자가당착적임을 드러내기 위한 서술 방식임을 밝혀둔다.

13) 배영순, 《韓末·日帝初期의 土地調査와 地稅改正에 關한 硏究》, 서울대학교 국사학과 박사학위논문, 1988.

14) 광무개혁 연구반, 〈'광무개혁' 연구의 현황과 과제〉, 《역사와현실》 8, 1992; 한국역사연구회, 〈[특집: 대한제국의 역사적 성격] 토론〉, 《역사와현실》 26, 1997; 교수신

문 엮음, 《고종황제 역사 청문회》, 푸른역사, 2005.

15) 宋連玉, 〈公娼制度から慰安婦制度への歷史的展開〉, 《慰安婦 戰時性暴力の實態》(Ⅰ), 綠風出版, 2000; 박정애, 《일제의 공창제 시행과 사창관리 연구》, 숙명여자대학교 사학과 박사학위논문, 2009; 〈피해실태를 통해 본 일본군'위안부'의 개념과 범주 시론〉, 《사학연구》 120, 2015.

16) 임지현 외, 《국사의 신화를 넘어서》, 휴머니스트, 2004; 도면회·윤해동 외, 《역사학의 세기》, 휴머니스트, 2009; 임지현·박노자 외, 《근대 한국 제국과 민족의 교차로》, 책과함께, 2011.

17) 윤해동, 《식민지의 회색지대》, 역사비평사, 2003; 윤해동·황병주 지음, 《식민지 공공성 실체와 은유의 거리》, 책과함께, 2010.

18) 이임하, 〈한국전쟁과 여성성의 동원〉, 《역사연구》 14, 2004; 김귀옥, 〈朝鮮戰爭と女性―軍慰安婦と軍慰安所を中心に〉, 徐勝 編, 《東アジアの命令と國家テロリズム》, 東京: お茶の水書房, 2004.

19) 박정미, 〈한국전쟁기 성매매정책에 관한 연구: '위안소'와 '위안부'를 중심으로〉, 《한국여성학》 27-2, 2011; 〈한국 기지촌 성매매정책의 역사사회학, 1953~1995년 냉전기 생명정치, 예외상태, 그리고 주권의 역설〉, 《한국사회학》 49-1, 2015.

20) 《반일》, 372쪽.

21) 양현아, 〈증언과 역사쓰기: 한국인 '군위안부'의 주체성 재현〉, 《사회와역사》 60, 2001; 〈증언을 통해 본 한국인 '군위안부'들의 포스트식민의 상흔Trauma〉, 《한국여성학》 22-3, 2006.

22) 《반일》, 321쪽.

23) 〈'일제가 쇠말뚝을 박았다'는 주장은 거짓이다 : [이문영의 역사 팩트체크] 사라지지 않는 '쇠말뚝 괴담'의 기원과 유형〉, 뉴스톱(http://www.newstof.com).

24) 장신, 〈한국강점 전후 일제의 출판통제와 '51종 20만권 분서焚書 사건의 진상〉, 《역사와현실》 80, 2011.

25) 젊은역사학자모임, 《한국 고대사와 사이비역사학》, 역사비평사, 2017; 《욕망 너머의 한국 고대사》, 서해문집, 2018.

26) 임지현 외, 앞의 책, 2004; 도면회·윤해동 외, 앞의 책, 2009; 임지현·박노자 외, 앞의 책, 2011.

27) 트랜스내셔널 역사학의 연구방법론과 개념에 대해서는 오경환, 〈초국가적 역사의 가

능성〉, 《亞太 쟁점과 연구》 3 – 2, 2008; 윤해동, 〈트랜스내셔널 히스토리Trnasnational History의 가능성〉, 《역사학보》 200, 2008을 참조하라.

28) 도면회, 〈한국 근대역사학의 창출과 통사체계의 확립〉, 《역사학의 세기》, 휴머니스트, 2009.

29) 이성시, 〈표상으로서의 광개토대왕 비문〉, 《만들어진 고대》, 삼인, 2001.

30) 정다함, 〈'事大'와 '交隣'과 '小中華'라는 틀의 초시간적인 그리고 초공간적인 맥락〉, 《한국사학보》 42, 2011; 〈조선 태종 5년 동맹가첩목아童猛哥帖木兒의 明 "入朝"를 둘러싼 朝鮮과 明과 동맹가첩목아 사이의 관계성에 대한 탈중심적/탈경계적 해석〉, 《民族文化研究》 72, 2016.

31) 김헌주, 《후기의병의 사회적 성격에 관한 연구》, 고려대학교 한국사학과 박사학위논문, 2018.

32) 김대현, 〈1950~60년대 한국의 여장남자 – 낙인의 변화와 지속〉, 《한뼘 한국사》, 푸른역사, 2018.

33) 웬디 브라운·이승철 옮김, 《관용 – 다문화제국의 새로운 통치전략》, 갈무리, 2010.

34) 김기봉, 〈환경사란 무엇인가〉, 《서양사론》 100, 2005.

35) 김도균, 〈한국 환경사 연구의 동향과 과제 – 한국사 관련 학술지를 중심으로〉, 《ECO》 12 – 1, 환경사회학연구, 2008; 고태우, 〈[생태환경사를 말한다 ②] 한국학계의 환경사 연구와 생태환경사〉, 한국역사연구회 웹진 〈역사랑歷史廊〉, 2020년 2월호.

일제와 한몸인 《반일 종족주의》 진영(서승)

1) 三島憲一, 〈醜悪で滑稽な覇権志向〉, 《世界》 no.928, 2020年 1月, 159쪽.

2) 木村幹, 〈日本植民地支配と歴史認識問題〉, 山内昌之・細谷雄一編著, 《日本近現代史講義》, 中公新書, 2019年 9月, 245쪽.

3) 白楽晴, 〈"親日残滓の清算"について〉, 《世界》 2020年 5月号, 220~221쪽.

누구를 위한 역사인가
'뉴라이트 역사학의 반일종족주의론' 비판

2020년 8월 22일 1판 1쇄 발행
2024년 8월 28일 1판 3쇄 발행
지은이   이철우, 박한용, 전재호, 홍종욱, 황상익, 강성은, 김창록, 이송순, 정태헌,
            박찬승, 김상규, 강성현, 변은진, 조시현, 허영란, 김정인, 김헌주, 서승
기획   우석대 동아시아평화연구소
펴낸이   박혜숙
디자인   이보용
펴낸곳   도서출판 푸른역사
            우) 03044 서울시 종로구 자하문로8길 13
            전화: 02)720-8921(편집부) 02)720-8920(영업부)
            팩스: 02)720-9887
            전자우편: 2013history@naver.com
            등록: 1997년 2월 14일 제13-483호